# LEITURA

## Práticas, impressos, letramentos

ORGANIZADORES

Antônio Augusto Gomes Batista
Ana Maria de Oliveira Galvão

# LEITURA

## Práticas, impressos, letramentos

3ª edição

autêntica

CAPA
*Jairo Alvarenga Fonseca*
(sobre ilustração de *A Semana Ilustrada*. Rio de Janeiro, 1872, p. 4668. Coleção José Mindlin)

COORDENAÇÃO
*Ceale/FaE - UFMG*

EDITORAÇÃO ELETRÔNICA
*Luiz Gustavo Maia*

REVISÃO
*Roberto Arreguy Maia*
*Erick Ramalho*

Revisado conforme o Novo Acordo Ortográfico.



**AUTÊNTICA EDITORA LTDA.**
Rua Aimorés, 981, 8º andar. Funcionários
30140-071 . Belo Horizonte . MG
Tel: (55 31) 3222 68 19
Televendas: 0800 283 13 22
www.autenticaeditora.com.br

L533 Leitura: práticas, impressos, letramentos / Antônio Augusto Gomes Batista, Ana Maria de Oliveira Galvão (organizadores). 3. ed. — Belo Horizonte: Autêntica Editora, 2011 .

176 p. — (Linguagem e Educação)

ISBN 978-85-86583-46-9

1.Literatura Infantojuvenil. 2.Leitura. 3. Alfabetização. I.Batista, Antônio Augusto Gomes. II. Galvão, Ana Maria de Oliveira. III. Série.

CDU-82.0

# SUMÁRIO

# APRESENTAÇÃO

No segundo semestre de 1996, o Centro de Alfabetização, Leitura e Escrita (CEALE) e o Programa de Pós-Graduação em Educação da Universidade Federal de Minas Gerais, por meio das linhas de pesquisa *História da Educação* e *Linguagem e Educação*, promoveram um ciclo de conferências e debates tendo a leitura como tema — o *Ciclo de Estudos da Leitura.*

As conferências e debates, conduzidos por professores e pesquisadores brasileiros e estrangeiros, tiveram como público pesquisadores do CEALE, alunos da pós-graduação, professores da UFMG e de outras instituições de ensino e possibilitaram a socialização e a discussão de trabalhos que enfocam as questões da leitura a partir de diferentes pontos de vista.

Este livro reúne trabalhos apresentados pelos participantes do ciclo de estudos. Antônio Augusto Gomes Batista e Ana Maria de Oliveira Galvão, no trabalho que abre a coletânea, *Práticas de leitura, impressos e letramentos: uma introdução*, traçam um quadro geral das tendências e perspectivas que baseiam os estudos sobre a leitura e situam, no interior desse quadro, os demais trabalhos que integram a coletânea.

O texto de Marlyse Meyer — *Folhetim: uma história de leitura* — retoma a pesquisa que deu origem ao livro em que estuda o nascimento do romance-folhetim no Brasil. A autora discute a fórmula desse romance, suas transformações e a penetração do romance-folhetim francês em nosso País. A segunda parte de seu trabalho centra-se nas leituras e formas de ler, essencialmente comunitárias, de um grupo social definido — os imigrantes italianos e seus descendentes —, na São Paulo do início do século XX.

Regina Zilberman, no trabalho *Leitura literária e outras leituras*, analisa as relações históricas entre leitura e escola, nem sempre as mesmas nas diferentes sociedades. Através do exame de diferentes livros de leitura utilizados nas escolas brasileiras, de textos que regulamentaram o ensino de Português, da seleção de autores das antologias, a pesquisadora mostra que a leitura constituiu (e constitui) elemento fundamental na estruturação do ensino brasileiro e evidencia as tensões existentes entre as modalidades de leitura escolar e literária.

*Os futuros professores e a leitura*, título do trabalho apresentado por Anne-Marie Chartier, centra-se na temática das relações de professores com a leitura, no quadro de sua formação profissional. A pesquisadora, por meio da análise de dados de pesquisa realizada com um grupo de alunos de curso de formação de professores, na França, discute as diferentes formas de leitura realizadas e aponta a necessidade de incorporar, de maneira reflexiva, essa discussão ao processo de formação docente, já que os professores desempenharão papel importante na orientação de leituras.

O texto de Isabel Cristina A. da Silva Frade — *Revistas pedagógicas — qual é a identidade do impresso?* — discute a identidade das revistas de educação destinadas a professores. Analisando as características do suporte "revistas" e discutindo as relações entre imprensa e educação, a autora estuda três revistas pedagógicas de circulação comercial. Vários aspectos são focalizados na análise: a publicidade, a atualização, a periodicidade, os gêneros textuais, a imparcialidade e a tomada de posição, entre outros, concluindo-se que a "imprensa pedagógica" constitui um universo próprio, com leis de produção condicionadas por diversos elementos presentes no campo educacional.

Os dois últimos trabalhos apresentados na coletânea voltam-se para o tema mais geral do letramento ou do alfabetismo. O texto de Justino Magalhães — *Alfabetização e história: tendências e perspectivas* — problematiza, em primeiro lugar, os diferentes conceitos que designam a aquisição da escrita e os diferentes modos de inserção na cultura letrada que vêm sendo utilizados em estudos sobre o tema nos últimos anos. Em segundo lugar, retoma os principais momentos da história da alfabetização em Portugal e identifica as principais tendências que têm guiado os estudos sobre o tema no país.

Luciano Mendes de Faria Filho, em *Representações da escola e do alfabetismo no século XIX*, analisa o processo de afirmação da escola como instituição social e sua relação com o alfabetismo, no caso brasileiro. Apoiando-se em diversos autores, mostra como uma das principais consequências desse processo foi a compreensão do conjunto da população que não tinha acesso à escola como analfabeto e, a partir daí, ignorante e incapaz. Mostrando como esse processo de desqualificação se efetua, o autor retoma discussões a respeito da questão do voto do analfabeto feitas por José Honório Rodrigues, na década de 1960.

O conjunto dos textos reunidos neste livro reflete diferentes tendências e perspectivas presentes na recente produção brasileira e internacional sobre leitura. Como pôde ser observado, nos artigos apresentados, são focalizados a questão da leitura propriamente dita, o impresso em sua materialidade e os processos de aquisição e usos da escrita em diferentes sociedades. Baseados, principalmente, nos pontos de vista histórico, literário, pedagógico e sociológico a respeito da leitura, os textos constituem uma contribuição significativa para a compreensão desse fenômeno e para o aprofundamento do debate teórico sobre esse objeto de estudo.

*Ceres Leite Prado*

Organizadora do Ciclo de Estudos da Leitura

# PRÁTICAS DE LEITURA, IMPRESSOS, LETRAMENTOS: UMA INTRODUÇÃO

Antônio Augusto Gomes Batista
Ana Maria de Oliveira Galvão

Este livro, resultante de um seminário de pesquisa, reúne investigações que, à luz de perspectivas teóricas heterogêneas, ilustram diferentes tentativas de lidar com a leitura como uma prática social e historicamente enformada. Introduzir e situar essas investigações, de modo integrado, no interior de um quadro mais geral, será o objetivo deste capítulo.

## I

A leitura não constitui uma disciplina científica autônoma, mas apenas um objeto de estudo diferentemente construído e parcelado por um conjunto de disciplinas. Atividade que se ensina e se aprende, ela tem sido, tradicionalmente, um objeto do interesse da pedagogia e da psicologia, disciplinas voltadas para o ensino e o aprendizado. Embora ambas tenham sempre, em diferentes graus, compartilhado esse interesse com outras disciplinas — como a fisiologia e a sociologia — a atenção à leitura ampliou-se, nas últimas décadas, para um conjunto de diferentes áreas de conhecimento.

A emergência de novas tecnologias de comunicação (que desfazem a naturalidade da leitura e da escrita, tornando-a um objeto de problematização), do fenômeno do iletrismo[1] nos países do primeiro mundo (que, tornando mais complexa a representação do alfabetismo e das funções e usos da escrita nessas sociedades, desfaz seus vínculos imediatos com a escola) e da necessidade de políticas para enfrentá-lo impulsiona essas diferentes áreas de conhecimento, no seu conjunto, para a investigação sobre leitura, amplifica seus resultados e constitui um grande *forum* de debates que favorece sua produção, circulação e inter-relacionamento.[2] No interior desse quadro mais geral, um conjunto variado de fatores conduz diferentes áreas de conhecimento a se voltar para o estudo da leitura.

O desenvolvimento da informática e a necessidade de criação de máquinas "inteligentes" tornaram o ato de ler e o processo de compreensão nele implicado um objeto de interesse dos estudos de inteligência artificial e das ciências da cognição.[3] A necessidade de compreensão do impacto da invenção e da difusão da escrita e, posteriormente, da imprensa e dos suportes eletrônicos converteu a escrita, o impresso, esses novos meios eletrônicos e as práticas de leitura em instrumentos para a exploração, por historiadores, antropólogos e psicólogos, dos processos sociais, culturais, políticos, econômicos e cognitivos associados ao surgimento e ao uso dessas tecnologias de comunicação e conservação do conhecimento.[4] A pressuposição de que a realidade social é também em grande parte construída pelos significados e pelas representações daqueles que a habitam conduziu um conjunto de disciplinas das ciências sociais — psicologia social, sociologia, história, estudos culturais e antropologia — a ver na leitura um interessante instrumento para compreender como diferentes grupos sociais representam diferentemente o mundo, compartilham significados e lutam para construir o sentido da realidade que mais lhes convém.[5] Diferentes disciplinas literárias que estiveram, durante os anos sessenta e setenta, voltadas para a obra literária considerada em si mesma, passaram a entender a leitura como uma das dimensões constitutivas dessa obra e, portanto, como um objeto de importância central na compreensão da natureza do texto literário e do surgimento de novos estilos e sensibilidades.[6] A linguística, por fim — que se constituiu à força da criação de uma forte linha divisória entre a língua oral e a escrita e pela definição da primeira como seu objeto de estudo — vem manifestando, nos últimos anos, um renovado interesse pela escrita e, através dela, pela leitura, particularmente pelos processos psicolinguísticos com base nos quais se realizam essa atividade e sua aquisição.[7]

## II

No quadro desses diferentes interesses em relação à leitura e dos diferentes pontos de vista com base nos quais ela é estudada, a expressão *práticas de leitura* tende a marcar — ainda que de modo difuso — os atuais contornos do interesse das ciências sociais a respeito do ato de ler.

Ela os marca, primeiramente, em oposição às abordagens — frequentes na tradição de estudos psicológicos, pedagógicos, linguísticos e cognitivos sobre o tema — que apreendem os processos mentais da leitura e de sua aquisição como um conjunto de processos abstratos e universais, desenvolvidos por um leitor ideal. Em oposição a essas abordagens, a expressão designa uma tendência a lidar com a leitura em seu acontecimento concreto, tal como desenvolvida por leitores reais, e situada no interior dos processos responsáveis por sua diversidade e variação. Nesse sentido, esse modo de lidar com a leitura dá continuidade à tradição — predominantemente sociológica — de estudos sobre o tema na área das ciências sociais.[8]

Mas a expressão marca ainda os contornos da atenção atual da área em oposição às próprias formas tradicionais de seu interesse pelo tema, particularmente em oposição àquelas constituídas em torno de uma tradição de estudos sobre hábitos de leitura e sobre sua distribuição num determinado espaço social, político ou geográfico.[9] Em primeiro lugar, a expressão assinala uma extensão do interesse pela leitura a outras disciplinas que compõem o campo das ciências sociais, como a história e antropologia, e uma consequente diversificação teórica e metodológica. Assinala, também, em segundo lugar, uma ampliação de suas ambições, evidenciada por uma tendência a não apenas buscar examinar o ato de ler em suas relações com a história, a sociedade e a cultura, mas também a fazer desse exame o lugar da integração do conjunto de estudos sobre a leitura — desde aqueles de caráter psicológico àqueles de caráter literário — e o espaço para a exploração das possibilidades e limitações de uma abordagem a fenômenos como a vida cotidiana, o universo mental e psicológico de indivíduos e grupos, a memória, objetos culturais e tecnologias de comunicação como a oralidade, a escrita, o livro e o impresso.[10] Tudo isso, em terceiro lugar, termina por atribuir aos estudos de práticas de leitura uma dimensão interdisciplinar e uma intensa incorporação, pelas ciências sociais, dos resultados, métodos e perspectivas de diferentes disciplinas como a psicologia, a psicolinguística, a bibliografia analítica, a teoria literária, os estudos culturais, e as investigações sobre a comunicação, suas técnicas e suas consequências.[11]

Todos esses aspectos não poderiam deixar, também, e mais importante, de contribuir para a promoção de modos inovadores de compreender, abordar e problematizar a leitura como um objeto de pesquisa que em vários pontos se distanciam da tradição de estudos sobre hábitos de leitura. Essa tradição teria tendido a identificar, muito rapidamente e sem a necessária problematização, o estudo da leitura ao estudo da distribuição de textos, gêneros e suportes de escrita, compreendidos como entidades portadoras de um sentido e um efeito sempre iguais. Ela teria, ainda, tendido a estabelecer uma relação muito direta e unívoca entre uma hierarquia de textos, gêneros e suportes — quase sempre compreendida como inerente aos textos e gêneros mesmos — e uma hierarquia de leitores, diferenciados socialmente e segundo suas tendências de consumo do escrito, suas chances de acesso ao impresso e a frequência com que leriam. Essa tradição, por fim, teria tendido a fazer uso de categorias originadas em crenças não discutidas em relação à leitura, gerando classificações — como aquelas oposições entre "leitores" e "não leitores"; "grandes" e "pequenos" ou "precários" leitores; gêneros "cultos" e aqueles "populares" ou "comerciais"; a leitura para o "lazer", para a "fruição" e aquela realizada tendo em vista finalidades práticas; o livro e seus "concorrentes" (dos quadrinhos à televisão) — que precisariam elas mesmas serem explicadas e que — tomadas irrefletidamente — terminariam por reforçar as representações sociais a respeito do ler e as práticas e os discursos que buscam criar sua necessidade e as formas legítimas de praticá-lo.[12]

Em oposição a essa tradição, o interesse atual das ciências sociais pela leitura reclama uma atenção ao ato de ler mesmo (e não apenas aos textos, gêneros e suportes em torno dos quais esse ato se realiza) e às significações plurais que, no contato com os textos, os leitores produzem; reclama também um exame da historicidade dos textos, das categorias que os classificam e das práticas discursivas e não discursivas que envolvem o ato de sua leitura.

## III

Com efeito, a tradição de estudos sociais sobre a leitura tende a estar baseada em expectativas bem determinadas. Investigações do gênero seriam um instrumento para o desenvolvimento de políticas culturais e educacionais e teriam por objetivo avaliar a distância, maior ou menor, que afastaria ou aproximaria uma determinada população da cultura associada ao impresso. Em outros termos, elas buscariam detectar as lacunas, os avanços e as regressões da difusão do hábito da leitura num determinado espaço social e apreender a natureza do impresso que nesse espaço circula para, assim, determinar os níveis culturais e educacionais da população considerada e permitir o estabelecimento de políticas adequadas para sua ampliação.[13]

Ao que tudo indica, essas expectativas encontram seu fundamento num conjunto de crenças compartilhadas em relação à leitura. Uma delas é a de que ler seria um fenômeno invariável e sempre igual a si mesmo. Estudar as leituras de um determinado grupo se identificaria, por isso, a investigar não a leitura mesma — que, não admitindo variação, constituiria um mesmo conjunto de competências compartilhadas, em maior ou menor grau, pelos indivíduos alfabetizados — mas a *distribuição* ou a *difusão* de seu hábito no grupo ou nas populações consideradas. Vale dizer: uma vez que a leitura seria um conjunto de processos uniformes e invariáveis ao longo do tempo e dos espaços sociais, a única tarefa que se poderia atribuir a estudos sobre as leituras de um determinado grupo se resumiria à apreensão da frequência e da intensidade com que nesse grupo a leitura ocorreria e dos fatores que contribuiriam para o maior ou menor grau de sua ocorrência.

Outra crença que parece fundamentar as expectativas em relação a estudos sociais sobre o tema é aquela que identifica a leitura à leitura de um *corpus* de textos dignos de serem lidos e a um conjunto de usos da leitura dignos de serem feitos, isto é, às características e às funções da modalidade de leitura valorizada pela tradição cultural: leitura de livros, predominantemente de narrativas literárias, feita tendo em vista o aprendizado e a formação cultural, e desvinculada de funções utilitárias. Assim compreendendo a leitura, a relevância de estudos sobre o tema tende a coincidir com a verificação da presença ou da ausência, em determinados grupos, dessa modalidade de leitura prestigiada e, por extensão, na determinação do nível cultural e educacional desses grupos, implicada na verificação da adequação dos textos lidos. Para isso, a frequência e a intensidade das práticas de leitura não seriam indicadores suficientes, já que uma determinada população poderia ler muito e com frequência regular uma produção editorial de "má qualidade", destinada antes a um "lazer inconsequente" e a uma vendagem de sucesso do que à transmissão da cultura e do conhecimento. Esses indicadores, assim, precisariam ser complementados por dados relativos à *natureza* dessas leituras. Desse modo, importaria aos estudos sociais sobre a leitura não apenas esquadrinhar a distribuição e a difusão de seu hábito, mas também examinar a qualidade dos textos que se leem, apreendendo o *corpus* que constituiria a "biblioteca" de uma dada população, descrevendo seus suportes, gêneros e temas, determinando as funções que tenderiam a preencher na vida desse grupo e, por fim, detectando a distância que os separaria do impresso e das funções valorizadas.

Uma última crença que parece alimentar as expectativas em torno de estudos sobre práticas de leitura é aquela que atribui a essa atividade um valor e uma necessidade sempre iguais e que seriam — ou que deveriam ser — compartilhados por todos. Quanto a esse aspecto, a leitura poderia ser representada por duas principais afirmações: ler seria o modo por excelência de exercício do poder modificador do livro e do impresso; por essa razão, teria sempre um poder emancipador para o indivíduo e constituiria sempre um fator de democratização social. Essa crença no papel — e no valor — educativo, formador e emancipatório da leitura termina por constituir os estudos sociais a seu respeito como expressão de uma ética do direito à leitura e, assim, como *um instrumento de uma política* para criação ou reforço, junto às populações estudadas, das crenças e dos valores que estariam em sua origem.[14] A finalidade última dessas investigações, desse modo, residiria, de acordo as expectativas compartilhadas a seu respeito, na determinação dos grupos e populações em que a leitura — sua intensidade, sua frequência e seu valor formativo — se encontraria ausente ou ameaçada por formas "bastardas" de lazer e de acesso a conhecimentos e informações, tendo em vista o desenvolvimento de ações para alterar esse quadro. Por essa razão, as expectativas em relação aos estudos sociais sobre a leitura tenderiam a identificá-los a um instrumento de *avaliação*.

## IV

Ao mesmo tempo em que parecem fundamentar as expectativas em relação a estudos sociais sobre a leitura, orientando, portanto, sua *recepção*, essas crenças parecem também tender a orientar a *produção* mesma desses estudos.[15] Ao fazê-lo, porém, elas terminam por impor à investigação um conjunto de objetos pré-construídos socialmente, que tendem a levá-la a projetar pressupostos valorativos nas práticas de leitura analisadas e, assim, a dificultar a apreensão e a compreensão da complexidade de seu significado e do significado de seus usos para as populações consideradas.

Ao que tudo indica, é o seguinte mecanismo que parece estar na origem da tradição de estudos sociais sobre a leitura. Trata-se, quase sempre — como já apontaram Anne-Marie Chartier e Jean

Hébrard (1995. p.14) a respeito dos discursos sobre a leitura —, de pensar a "leitura dos outros". De um lado, a leitura dos ainda "não letrados", que, recentemente, "deixaram de ser iletrados"[16] — jovens, crianças, operários, camponeses, mulheres, negros e imigrantes. De outro lado, daqueles que, em razão de diferentes processos e mudanças sociais, estão quer no limiar da "verdadeira" cultura letrada, quer se afastando dela, como os países de terceiro mundo, as sociedades afetadas por graves crises ou expostas a novas tecnologias de entretenimento, de preservação e de transmissão do conhecimento e da informação[17] ou, ainda, esse grupos profissionais expostos a processos de desqualificação e proletarização, como os professores. [18]

Mas, se se trata de pensar as leituras dos *outros*, trata-se, ao mesmo tempo, de pensá-las, de modo tácito, em suas relações — de semelhança, contraste e oposição — com um conjunto de práticas de leitura — quase nunca explicitado ou tematizado — definido como padrão e, desse modo, como o instrumento heurístico capaz de revelar e manifestar as características e o significado das leituras em estudo. Trata-se, assim, de pensar, de constituir como objeto de investigação e de analisar as práticas de leitura dos que se situam nos limites da cultura letrada, à luz de um *ponto de vista letrado* — e raramente (é preciso enfatizar) problematizado. Às práticas dos não letrados, portanto, correspondem as práticas dos letrados. Aos *outros*, corresponde um *nós*, ponto de vista irrefletido por meio do qual se apreendem e se comparam as práticas dos outros.

À luz dessa relação não objetivada entre diferentes posições no campo da cultura, compreende-se que a leitura seja vista como um conjunto de processos e habilidades invariáveis no tempo e no espaço, vale dizer, como um conjunto de competências que se adquirem e que constituem a cultura letrada. Compreende-se, também, que se veja na leitura um bem em si mesmo, um valor e uma necessidade a ser transmitida e difundida. Compreende-se, por fim, por que, desse modo, as expectativas em torno dos estudos sociais sobre a leitura tendam a coincidir com uma avaliação — para o desenvolvimento de políticas de afirmação do direito à leitura — de níveis culturais e educacionais das populações estudadas e da distância que as separa das práticas letradas de leitura. Assim se caracterizando as condições de enunciação e de recepção desses estudos, eles terminam, do mesmo modo que seu consumo, por tender a se constituir por meio de uma projeção, nas práticas de leitura em exame, dos pontos de vista construídos pelas práticas de leitura daqueles que as examinam e pela relação irrefletida que com elas mantêm.[19]

## V

O estudo da *difusão* do hábito da leitura numa dada população e das características de suas escolhas em matérias de títulos e gêneros foi, também, tradicionalmente, objeto das investigações sobre a história do livro. Alguns desses estudos consideravam a posse do livro, muitas vezes investigada através da análise de inventários ou de catálogos de leilões de bibliotecas, critério para o delineamento de hierarquias socioculturais de uma determinada população. Essas pesquisas buscavam revelar os tipos de textos mais presentes em cada uma das camadas sociais.[20] As investigações mais recentes reconhecem a importância desses estudos seriais para a elucidação de certos perfis de leitores, em determinadas comunidades, e para o levantamento de novas questões de natureza teórica e metodológica, como aquelas que dizem respeito à necessidade de utilização de novos métodos de análise e da introdução de novas fontes documentais. Na expressão de Darnton (1990c), esses estudos contribuíram para mapear o "quem", o "quê", o "onde" e o "quando" da leitura. No entanto, os pressupostos subjacentes a esses tipos de estudo (muitas vezes tendentes a um determinismo econômico) e as fontes neles utilizadas apresentam limitações para uma compreensão do modo pelo qual os textos e impressos eram apropriados por seus leitores. Posteriormente, estudos realizados no campo da história da leitura deslocaram suas preocupações para o que passou a ser sua questão central: os usos e apropriações dos materiais impressos, ou, nas palavras de Darnton (1990), para os "comos" e os "porquês" da leitura.[21]

A crença, embora não declarada, na invariabilidade e na universalidade do fenômeno da leitura trouxe, pelo menos, outra consequência no âmbito dos estudos de história do livro e da leitura. Há uma tendência, em alguns trabalhos, de se associar diretamente o *corpus* de textos lidos por um grupo social específico com as mentalidades ou as visões de mundo daquele grupo, em uma determinada época. Essa tendência, que alguns autores denominam de sociologia histórica da cultura, busca estabelecer correlações diretas entre classes sociais e produções culturais. Esses estudos, em muitos casos, consideram um *corpus* específico de textos tradicionalmente considerados como "populares", como os livros da *bibliothèque bleue* ou os almanaques,[22] como expressão, ou mesmo reflexo, de uma suposta mentalidade popular. Esse tipo de estudo parece pressupor que há uma associação direta entre o texto e a recepção do leitor, ou, em outras palavras, que a leitura não é uma atividade produtora de significados. Não consideram, portanto, o que estudos mais recentes afirmam: há mediações de vários níveis entre texto e leitor. No caso da *bibliothèque bleue*, por exemplo, os textos não eram, necessariamente, em sua origem, destinados a um público "popular": a análise da fórmula editorial dos livretos possibilita mais pistas para a identificação de seu público leitor do que o próprio conteúdo dos textos.[23] Não se pode inferir sobre as representações, crenças e valores de um determinado grupo somente a partir do que ele lê, declara ler ou possui em sua biblioteca particular e seleciona como bem inventariado. A distribuição de um produto cultural não revela tudo; pelo contrário, sua apropriação, sua utilização e seu consumo são tão importantes para a realização de uma história da leitura quanto sua circulação, em vários casos, aliás, muito mais fluida do que se pensa. As relações entre objetos de leitura e grupos sociais são muito mais complexas. A história da leitura tem procurado focalizar, hoje, principalmente, as formas de ler: como os mesmos textos, os mesmos livros eram lidos de maneiras diferentes por grupos sociais diferenciados.

## VI

É em torno desses distanciamentos em relação à tradição de estudos sobre hábitos de leitura e sobre a história dos livros que vem se organizando, no Brasil e no exterior, um campo de investigação sobre práticas de leitura.

É apenas muito grosseiramente, entretanto, que se poderia falar de um campo de investigação, vale dizer, de uma área de pesquisa unificada em torno de um conjunto de objetivos, métodos e concepções compartilhados. Trata-se, antes de tudo, como já indicamos mais acima, de um conjunto de estudos que, por diferentes razões, com diferentes objetivos e com base em diferentes quadros teóricos e disciplinares, encontra na leitura um instrumento por meio do qual podem ser exploradas dimensões reveladoras de temáticas e problemáticas particulares.

Isso não significa, entretanto, que não se possam apreender articulações entre esses diferentes modos de abordar e lidar com o fenômeno da leitura. A principal delas, parece-nos, reside no pressuposto de que, nas palavras de Robert Darnton (1990b), *a leitura tem uma história*: é uma atividade humana e, como tal, criativa e variável, e constituída em torno de um conjunto de condições sociais. Assim,

> *la lecture n'est pas seulement le moment où celle-ci s'effectue, mais un ensemble, un "corps de pratiques": tout ce qui la conditionne, y prépare, y conduit, la prolonge ou l'annule n'est pas périphérique à la lecture mais en est radicalement constitutif.* (POULAIN, 1988b. p.8)

Da adoção desse pressuposto decorrem os demais pontos de articulação. Em primeiro lugar, numa tendência a se buscar, no estudo da leitura, apreender sua singularidade histórica e social, ou, em outros termos, o modo pelo qual condições históricas sociais particulares fazem emergir modos de ler, usos da leitura e significações que não podem ser inferidos de uma "essência" da leitura mesma. Na análise e descrição dessas condições sociais e históricas parece residir um segundo ponto de articulação. Essas condições tendem a ser apreendidas de acordo com os casos estudados; não se identificam com estruturas — sociais, econômicas ou culturais — definidas *a priori* e dizem respeito a um conjunto complexo de fatores e a seu inter-relacionamento na constituição dos dois elementos centrais de toda a leitura — os *textos* e seus *leitores*. Apresentamos, a seguir, o modo por meio do qual compreendemos esses dois elementos centrais de uma prática de leitura e de seu estudo. Trata-se de um modo *particular* de compreensão no que diz respeito à estruturação da argumentação e a algumas fontes teóricas. Em seu conjunto, entretanto, representa adequadamente as principais balizas dos estudos sobre práticas de leitura, especificamente a problemática geral no interior da qual modos diferenciados de compreensão são construídos.

a) De um lado, os *textos*. A reflexão linguística e literária tende, por uma série de razões,[24] a construir a noção de texto em torno de três princípios básicos, todos três postulados — em grande medida — em função da necessidade de estabelecer formas de identificação e classificação da produção escrita, em sociedades em que esta se diversifica e em que sua circulação se intensifica pela possibilidade de reprodução, por cópia manuscrita ou mecânica.[25] O primeiro desses princípios é o de que texto é o "objeto" estabelecido, originalmente, por seu *autor*. Desse princípio decorrem os demais: se é a autoria que, por um lado, identifica um texto em relação a outros, e se é aquele texto que o autor escreve, por outro, o elemento permanente que integra e reúne suas diferentes reproduções (e permite avaliar sua "fidelidade"), um texto coincide apenas com sua manifestação linguística assim identificada e com o conjunto de relações linguísticas a ela subjacente e independe tanto dos diferentes suportes materiais que o sustentam quanto das práticas e dos leitores que dele se apoderam. Em outros termos, assim enraizado na ideia da autoria, um texto tem existência autônoma e independente das esferas que o produzem (e reproduzem) materialmente e das práticas nas quais são utilizados, lidos, compreendidos. Construído como um conjunto de formas linguísticas abstratas, possui uma unidade intrínseca e um fundo permanente que se impõem àqueles que o reproduzem e o leem e aos quais estes devem se ater e respeitar.

Se esse modo de compreensão abstrato do texto é extremamente eficaz para os propósitos de uma reflexão abstrata e ideal sobre a linguagem, interessada quer no estabelecimento e na edição crítica de textos, quer na apreensão do conjunto de princípios — regras, códigos, sistemas gramaticais ou literários — que governam sua utilização, ele é pouco adequado para a compreensão dos processos históricos e sociais em torno dos quais se constituem as práticas de leitura. Uma ampla literatura já se ocupou da crítica a esses princípios e da demonstração de sua inadequação para uma compreensão social e concreta da linguagem e das práticas de leitura e escrita.[26] Em contraposição aos três mais importantes princípios em torno dos quais se constrói o modo de compreensão abstrato do texto, essa literatura propõe, grosso modo, três pontos principais em torno dos quais se construir um modo de compreensão concreto do texto.

Primeiro ponto: o *autor*. Em vez de ponto em que se ancora tanto a origem quanto a unidade de um texto e em vez de fator responsável por sua estabilidade, ele é visto como

> ... ao mesmo tempo, dependente e reprimido. Dependente: ele não é o mestre do sentido, e suas intenções expressas na produção do texto não se impõem necessariamente nem para aqueles que fazem desse texto um livro (livreiros-editores ou operários da impressão), nem para aqueles que dele se apropriam para a leitura. Reprimido: ele se submete às múltiplas determinações que organizam o espaço social da produção literária, ou que, mais comumente, delimitam as categorias e as experiências que são as próprias matrizes da escrita. (Chartier, 1994. p.35-6)

Segundo ponto: a *manifestação linguística* e o feixe de relações que a ela subjaz. As intenções de um autor não se impõem necessariamente a seus leitores e àqueles que o reproduzem porque a manifestação linguística por meio da qual se expressa não contém todos os elementos necessários a sua interpretação e nem mesmo os oferece de *per si* a seus leitores.[27]

Não os oferece desse modo porque qualquer expressão linguística "permanece puro *flatus vocis* enquanto não for correlacionada, com referência a um determinado código, ao seu conteúdo convencionado" (Eco, 1986. p.35). Não contém todos os elementos necessários para sua interpretação porque, seja por economia, seja pelos limites naturalmente impostos pelas regras normais de conversação, seja por fatores estéticos, os textos contêm um conjunto de "espaços em branco", de "interstícios", vale dizer, estão entremeados por um "não dito":[28]

> "Não-dito" significa não manifestado em superfície, a nível de expressão: mas é justamente este não-dito que tem de ser atualizado a nível de atualização do conteúdo. E para este propósito um texto, de uma forma ainda mais decisiva do que qualquer outra mensagem, requer movimentos cooperativos, conscientes e ativos por parte do leitor. (Eco, 1986. p.36)

Terceiro ponto: a *imobilidade*, a *estabilidade* e a *unidade*. Se um texto não oferece de *per si* sua significação e está "entremeado de espaços em branco", ele existe apenas em estado potencial e supõe um leitor que o atualize. Ora, um conjunto de estudos já mostrou que a presença do leitor no texto não se faz apenas para que se complete — por meio da atualização que promove dos significados potenciais do texto — o processo comunicativo.[29] Se ele está no final desse processo, ele está também presente na própria constituição do texto por meio do qual esse processo se dá e o está de dois modos. Por um lado, ele é tudo aquilo que um escritor "supõe que exista" para orientar suas estratégias de produção linguística. Seja como parte de uma formação imaginária, seja como um conjunto de competências e disposições, uma censura, um leitor implícito, um público-leitor, uma antecipação de um horizonte de expectativas ou como uma comunidade interpretativa, aquele que escreve postula sempre uma hipótese de leitor e uma encenação de sua leitura como uma condição indispensável para a própria produção do texto, para saber "com o que pode contar" e, assim, realizar o conjunto complexo de "escolhas" e operações nesse processo envolvido. Por outro lado, no entanto, o leitor está presente também na constituição do texto não apenas como aquilo que "se supõe que exista" mas ainda como aquilo que se deseja construir: um texto tende a conter suas "instruções de uso", um conjunto protocolos e de indicações que mostram ao leitor o que fazer, como ler, que significados produzir.[30]

Esse processo de antecipação e de construção das competências e disposições dos leitores, porém, supõe, como uma condição de felicidade do texto e de seus efeitos, que, em maior ou em menor grau, aquele que escreve e aquele que lê compartilhem um conjunto de referências e que as formas de apropriação pressupostas e desejadas pelo escritor coincidam com as formas efetivas de apropriação de que os leitores lançam mão. Ora, num mundo social em que a escrita não é mais um privilégio de pequenos grupos — sociais, religiosos ou profissionais — e em que os meios de reprodução mecânica dos textos cada vez mais os tornam independentes das esferas sociais em que foram produzidos e para as quais foram dirigidos, os textos adquirem uma *mobilidade* temporal e social.[31] Movendo-se no tempo e no espaço social, eles se distanciam de seus contextos iniciais de produção e de recepção e, desse modo, a coincidência entre as referências e as disposições culturais pressupostas na produção do texto pela hipótese de leitor construída e aquelas efetivamente possuídas e postas em prática pelos leitores torna-se nem sempre possível ou provável. Dessa mobilidade temporal e social dos textos decorre, portanto, sua tendência à *instabilidade* e à *diversidade*.

No processo de sua reprodução, o texto pode receber as marcas das distâncias sociais e culturais que separam aquele que escreve daqueles que produzem o objeto em que se inscreve. O impresso que desse processo resulta, portanto, pode ter poucas semelhanças com aquele intentado por seu autor: ilustradores, editores, revisores e tradutores podem, em maior ou menor grau, fazer manifestar no objeto que sustenta o texto as diferenças que os separam do autor no espaço social. Nesse mesmo processo, no entanto, os textos podem se transformar ao serem destinados a novos públicos, diferentes daqueles para os quais foram inicialmente destinados. Assim, por sobre o leitor implícito e a encenação de sua leitura construídos pelos escritores, os fabricantes do livro ou do impresso podem sobrepor uma outra hipótese de leitor e uma outra encenação da leitura: prefácios, orelhas, notas, sumários, cortes, titulação, ilustração, projeto gráfico podem construir um "quadro mental" que sugere uma outra leitura, usos novos e imprevistos.[32] Daí a necessidade, comum aos estudos de práticas de leitura, de distinguir entre textos e impressos e, particularmente, entre processos de produção do texto (*mise-en-texte*) e processos de produção do livro ou impresso (*mise-en-livre*):

> *On peut en effet définir comme relevant de la mise en texte les consignes, explicites ou implicites, qu'un auteur inscrit dans son oeuvre afin d'en produire la lecture correcte, c'est à dire celle qui sera conforme à son intention. (...) Elles reposent sur une double stratégie d'écriture: inscrire dans le texte les conventions, sociales ou littéraires, qui en permettront le repérage, le classement, la compréhencion; mettre en oeuvre toute une panoplie de techniques, narratives ou poétiques, qui, comme une machinerie, devront produire des effets obligés, garantissant la bonne lecture. (...)*
>
> *Mais ces premières instructions sont croisées par d'autres, portées par les formes typographiques elles-mêmes: la disposition et le découpage du texte, sa typographie, son illustration. Ces procédures de mise en livre ne relèvent plus de l'écriture mais de l'imprimerie, elles sont décidées non par son auteur mais par le libraire-éditeur, et elles peuvent suggérer des lectures différentes d'un même texte.* (Chartier, 1993c. p.101-102)

b) De outro lado, os *leitores*. Móveis e instáveis, dependentes das configurações sociais que os produzem, que os reproduzem e a que se destinam, os textos, por fim, se diversificam tendo em vista as práticas e os leitores que efetivamente deles se apropriam. Por mais que os produtores do texto e do impresso multipliquem seus protocolos de leitura e procurem orientar os mínimos movimentos do leitor, sua atualização, seus usos e os significados que serão de fato produzidos encontrarão sempre nos contextos de leitura um regime de condições que poderá ou não favorecer a realização das leituras visadas. Por um lado, do mesmo modo que autores e produtores do livro, os leitores estão também — quanto maior for o grau de institucionalização das situações em que leem — submetidos às múltiplas determinações que organizam as esferas sociais em que utilizam os textos. Por outro lado, eles são socialmente formados,[33] compartilham um conjunto de competências e um horizonte de expectativas em relação aos textos e a sua leitura que não é, necessariamente, o previsto pelos produtores dos textos. Podem desenvolver, portanto, formas de apropriação que pouco têm a ver com aquelas visadas em sua produção e constituir, desse modo, um novo texto, com novos objetivos, novos usos, novos significados.

Daí a busca, pelos estudos sobre práticas de leitura, de apreender os traços constitutivos das diferentes comunidades de leitores (Chartier, 1994) ou de intérpretes (Fish, 1980, p. 318),

> *an institutional structure within which one hears utterances as already organized with reference to certain assumed purposes and goals* (Fish, 1980. p.306), vale dizer, *a structure of assumptions, of practices understood to be relevant in relation to purposes and goals* (...). *That structure* (...) *is not abstract and independent but social* (...).

Apreender a constituição social e histórica desses dois elementos centrais de todo ato de leitura — o texto (e o impresso), de um lado, e os leitores (e as comunidades de intérpretes), de outro, assim como os modos de ler que nas relações entre esses dois elementos emergem, tem sido a aposta dos estudos sobre práticas de leitura.

## VII

Um grupo de pesquisadores, originários de diferentes áreas do conhecimento e de diferentes instituições, tem tentado, no

Brasil, explorar as possibilidades de pesquisa apontadas acima, no contexto das tensões referidas.

Nos últimos anos, tem crescido sensivelmente a produção de trabalhos, no País, que tematizam a leitura, em vários de seus aspectos.[34] Muitos desses estudos, talvez a parcela mais significativa deles, focalizam, muitas vezes em uma ótica normativa, os processos de formação de leitores, por meio da análise do ensino da leitura na escola, sobressaindo-se, nesse grupo, aqueles que prescrevem a leitura de obras literárias em geral e de literatura infantojuvenil na sala de aula, no esforço de formar alunos-leitores ou, em alguns casos, de formar professores-leitores. No entanto, é crescente a produção de estudos que, afastados desse "olhar letrado", a que nos referimos acima, buscam, por exemplo, analisar o processo de produção de livros (entre os quais, os didáticos) e outros tipos de impressos (como revistas), focalizando as estratégias editoriais, estudando as diferentes edições de uma mesma obra ou examinando os protocolos de leitura com os quais um determinado impresso era dado a ler.

Há, ainda, um número significativo de trabalhos que investigam os usos e as apropriações dos livros e impressos. Analisam os processos de leitura propriamente ditos, em geral por um grupo específico de leitores (como as mulheres ou as camadas "populares", por exemplo) investigando, em alguns casos, as condições de possibilidade da leitura. Entre esses trabalhos sobre a circulação e os usos do impresso, destacam-se os que adotam uma perspectiva histórica. Alguns estudam, por exemplo, os espaços onde as leituras se davam ou poderiam ocorrer, como as bibliotecas, as livrarias e os gabinetes de leitura. Destacam-se, ainda, nesse grupo, trabalhos que focalizam a história do ensino da leitura ou o processo de escolarização da leitura no país, em alguns casos relacionando-os com movimentos educacionais de ampla penetração, como foi o caso da Escola Nova. Outros trabalhos buscam realizar a história da recepção e dos usos de obras literárias específicas (ou de um autor específico), entre elas as dirigidas ao público infantojuvenil. Alguns trabalhos têm estudado os mecanismos de censura de algumas obras, por parte da Igreja Católica ou de grupos políticos, no poder. Há, ainda, estudos que buscam, em fontes diversas, como os próprios impressos ou materiais iconográficos, representações sobre leituras e leitores em épocas diversas. Outros estudos, em menor número, buscam apreender, em momentos da história brasileira, os processos de letramento de determinados grupos sociais.

O breve panorama traçado acima revela pelo menos dois aspectos: a) os estudos sobre a leitura que vêm sendo realizados no Brasil expressam perspectivas heterogêneas de análise; b) a produção sobre leitura no Brasil, em vários de seus aspectos, encontra-se em plena erupção, revelando a tentativa, por parte de um grupo de pesquisadores, de fornecer subsídios para uma melhor compreensão do ato de ler. Essa efervescência tem sido acompanhada da tradução de várias obras da literatura acadêmica de países estrangeiros[35] e também da instalação de grupos de pesquisa e disciplinas em cursos de graduação e pós-graduação que focalizam a leitura.

## VIII

Os estudos aqui reunidos pretendem ilustrar e mapear esses modos diferenciados de conceber a leitura e abordá-la como um objeto de pesquisa. Alguns são consequência de estudos mais amplos, resultado de anos de pesquisa, outros se inserem no quadro de estudos mais pontuais, de âmbito mais restrito.

De modo geral, os textos tematizam questões que, direta ou indiretamente, trazem subsídios para melhor se compreender o *objeto leitura*. Inicialmente, apresentamos os textos que têm a *leitura* propriamente dita como foco: dos pontos de vista histórico, literário e pedagógico. A seguir, apresentamos um texto que focaliza a questão do *impresso*, de um ponto de vista predominantemente sociológico. Finalmente, apresentamos dois textos que, a partir da perspectiva histórica, têm como centro de sua análise questões do *letramento* ou do alfabetismo. Evidentemente, os diferentes pontos de vista aqui relacionados se cruzam, apresentam interfaces, mais ou menos estreitas. A escolha desse modo de apresentar os textos reflete concepções e escolhas teóricas dos organizadores do livro.

Assim, os três primeiros textos do livro estudam a leitura a partir de perspectivas diferentes, embora inter-relacionadas: o ponto de vista histórico caracteriza principalmente o primeiro deles, mas permeia também o segundo, e a perspectiva pedagógica, embora seja o foco do terceiro, também está presente no segundo, cujo ponto de vista principal é o literário. O primeiro — *Folhetim: uma história de leitura* — de Marlyse Meyer, focaliza uma comunidade específica de leitores — os imigrantes italianos —, no início do século, em São Paulo, a partir do estudo de um impresso determinado, o romance-folhetim. No texto, a autora retoma aspectos do livro *Folhetim: uma história* e de outros livros e artigos de sua autoria, resultantes de pesquisa que vem realizando há anos sobre o tema. Na primeira parte do artigo, a autora resgata as origens do romance-folhetim na França e sua penetração nos jornais brasileiros nos séculos XIX e início do XX. Em um segundo momento, focaliza a leitura de folhetins pelos imigrantes italianos: na maior parte das vezes, uma leitura — de folhetins, mas também de histórias de cavaleiros medievais e de bandidos — coletiva, oralizada, inserida em reuniões de lazer comunitário, nas quais também se contavam histórias e se ouviam valsas e modinhas no recém-criado fonógrafo. A autora mostra como os imigrantes, provavelmente em grande parte analfabetos ou semialfabetizados, encontram, no Brasil, ambientes culturais que lhes permitem o reforço de identidades italianas de origem e, ao mesmo tempo, a identificação com hábitos do novo país. A partir do quadro traçado anteriormente, podemos afirmar que esse tipo de estudo se insere em tendências mais recentes da história da leitura, ao focalizar suas preocupações nos modos de circulação, no emprego e nos usos dos livros. Esse tipo de estudo situa-se, então, nos trabalhos que buscam a compreensão do(s) "como(s)" e do(s) "porquê(s)" da leitura. Nesses trabalhos, a busca de testemunhos, de relatos autobiográficos, como faz a autora na segunda parte do texto, revela-se fundamental para a reconstituição dos modos de ler determinados tipos de impresso, por grupos específicos, em certas épocas. As diferentes maneiras de ler — oral ou silenciosamente; individual ou coletivamente, por exemplo — são definidoras, inclusive, da produção de significados próprios à leitura. Estudos sobre diferentes modos de apropriação de objetos culturais por comunidades específicas de leitores contribuem também para a compreensão de que o ato de ler não é uma categoria fixa e universal, mas está sempre implicado em condições sociais, culturais e temporais específicas.

O segundo texto — *Leitura literária e outras leituras* —, de Regina Zilberman, resgata, a partir da apresentação de algumas concepções sobre leitura presentes em manuais escolares e em textos prescritivos (como legislação e programas de ensino), aspectos do papel ocupado pela leitura na escola brasileira, em alguns momentos históricos, mostrando as relações tensas que se observam ao longo dessa história entre leitura literária e leitura escolar. Na história do ensino da leitura na escola brasileira, a autora detecta, ao lado de algumas mudanças, certas permanências no modo como a escola vê a leitura e a literatura: nem uma nem outra são consideradas suficientemente consistentes para se apresentarem como disciplinas autônomas; elas não se justificam por elas mesmas. A leitura e a literatura sempre tiveram um papel propedêutico na escola: serviam (servem) para que o aluno aprenda mais sobre a língua materna e para que passe a um estágio superior nesse aprendizado. No entanto, a autora, ancorada em teóricos da Estética da Recepção, argumenta que a função da literatura é, sobretudo, emancipatória e, na medida em que escola e vanguarda se apresentam como termos inconciliáveis, uma teoria da leitura que não seja normativa só pode se dar fora da escola. O jogo entre identidade e alteridade, básico na atividade do leitor da obra literária, não foi ainda incorporado por instituições como a escola que, para a autora, poderia, ao invés de ensinar literatura, aprender com ela. Pelo menos três pontos, presentes no artigo, poderiam ser destacados como importantes para uma maior compreensão do ato de ler, no contexto do quadro mais geral traçado anteriormente. Inicialmente, estudos que tomam como pressupostos alguns conceitos da teoria literária têm sido considerados cada vez mais importantes, na medida em que contribuem para mostrar que a leitura é, antes de mais nada, uma atividade. Esse pressuposto, que conduz a argumentação da autora ao longo do texto, traz questionamentos fundamentais para a leitura considerada do ponto de vista pedagógico, que muitas vezes parece ignorar essa constatação. Em segundo lugar, o estudo sobre as representações sobre a leitura presentes em diversos documentos tem sido considerado, no campo da história da leitura, como fundamentais para uma melhor compreensão das maneiras de ler, em diferentes tempos, em diferentes lugares. Finalmente, ao focalizar o ensino da leitura na escola nos últimos dois séculos, o texto contribui para se pensar acerca das maneiras como tem se dado a aprendizagem da leitura em uma das instituições mais importantes para esse aprendizado — a escola (pelo menos no século XX, já que, no caso brasileiro, essa instituição só muito recentemente se tornou a principal responsável pelo letramento da maior parte da população).

O terceiro texto dessa primeira parte — *Os futuros professores e a leitura* — de Anne-Marie Chartier, apresenta o ponto de vista pedagógico sobre a leitura. O texto focaliza, de maneira central, o papel da leitura na formação dos futuros professores. A autora parte do pressuposto de que a reflexão, pelos futuros professores, sobre suas maneiras de ler, sobretudo no contexto da formação inicial, pode ajudá-los a definir estratégias mais adequadas nos processos de formação de seus alunos. A autora toma como ponto central de sua argumentação dados de uma pesquisa realizada sobre os hábitos de leitura dos alunos dos Institutos Universitários de Formação de Professores franceses, cujos resultados apontaram uma grande ocorrência desses hábitos entre a população estudada.

A autora, no entanto, argumenta que os dados da pesquisa devem ser relativizados. A autora constata, por exemplo, que os futuros professores, quando falam de sua prática como leitores, tendem a selecionar somente o que a autora denomina de "verdadeiras leituras", embora no discurso a respeito de suas futuras práticas pedagógicas afirmem que os alunos devem ser expostos a diversos gêneros de textos, sem hierarquizá-los. A autora constata, ainda, que as leituras realizadas pelos futuros professores são, em geral, fragmentadas; isso os impede de utilizá-las de forma eficiente, situando, por exemplo, um autor em relação a outros ou relacionando os conteúdos lidos com questões educacionais mais amplas. A autora verifica, também, que a variedade dos títulos lidos pelos estudantes é enorme, gerando uma grande dispersão: no momento da troca de ideias sobre um livro, por exemplo, não é ele que se constitui no centro do debate, mas informações extraídas, fora do contexto, de livros diferenciados. Finalmente, a autora constata o que denomina de leitura de "descobertas": os alunos nunca tinham ouvido falar de cerca de 40% dos livros que leram. Em geral, quando eles não encontram, na biblioteca, o título indicado disponível, escolhem outros nas áreas de conhecimento com as quais têm maior familiaridade. Na segunda parte do texto, de caráter mais prescritivo, a autora realiza algumas reflexões e, em alguns casos, sugestões concretas de como os formadores dos futuros professores poderiam, a partir de uma melhor compreensão dos hábitos de leitura de seus alunos e da seleção de modalidades específicas de leituras, contribuir para sua melhor formação profissional. A autora, no texto, demonstra, com habilidade, que os estudos quantitativos sobre a distribuição ou a difusão do hábito da leitura em um grupo determinado merecem ser questionados em suas conclusões gerais e aprofundados, ou seja, examinados minuciosamente, em aspectos específicos. Esse procedimento utilizado pela autora permite ir além do que esse tipo de estudo em geral fornece: a apreensão da frequência e da intensidade com que, em uma dada população, a leitura ocorre. Ao realizar esse aprofundamento, a autora contribui para a melhor compreensão das maneiras de ler do grupo estudado, ultrapassando a constatação inicial da ocorrência da leitura. Do ponto de vista pedagógico, a autora, sem se utilizar de um tom predominantemente normativo que caracteriza, no geral, essa perspectiva de análise, fornece reflexões importantes, pontuais, concretas, principalmente para aqueles que, cotidianamente, trabalham com a formação de professores.

O quarto texto do livro, *Revistas pedagógicas: qual é a identidade do impresso?*, de Isabel Cristina Alves da Silva Frade, focaliza a imprensa pedagógica contemporânea, do ponto de vista da materialidade do impresso. O artigo não enfoca, portanto, a atividade propriamente dita da leitura, mas se insere em um campo crescente de estudos, de caráter sociológico e histórico, que investiga o impresso, focalizando os protocolos de leitura dos diferentes tipos de texto. Trabalhos desse tipo podem contribuir na tarefa de identificação de leitores de um determinado tipo de impresso e das maneiras pelas quais ele deve ser lido, do ponto de vista do autor e do editor, trazendo importantes contribuições para a compreensão do ato de ler.

No texto, a autora analisa três revistas educacionais, buscando a especificidade desse tipo de impresso, através da comparação de algumas de suas características com revistas de informação geral. A autora constata, por exemplo, que, enquanto nessas últimas a publicidade é a maior fonte de lucro das editoras, o mesmo não ocorre nas revistas educacionais. O conceito de atualização é substancialmente diferente nos dois tipos de impresso: as revistas de educação, em geral, não são descartadas pelo fenômeno da desatualização, possibilitando tanto uma leitura extensiva quanto intensiva de suas matérias e artigos. Índice desse fenômeno é o fato de as bibliotecas das faculdades de educação e das escolas armazenarem esse tipo de impresso. Isso pode ser explicado, entre outros fatores, pela própria especificidade do campo pedagógico. Um outro fator que distingue os dois tipos de revistas refere-se à periodicidade das publicações: no caso da imprensa jornalística, busca-se uma periodicidade cada vez mais curta na construção das notícias; para a autora, o significado do tempo, nas revistas pedagógicas, parece ser outro. Ao contrário das revistas de informação geral, em que a imparcialidade é indicativo de qualidade, nas revistas de educação é esperada uma tomada de posição. Uma outra categoria utilizada pela autora para realizar a análise das especificidades de um e outro tipo de impresso refere-se à densidade e à agilidade das matérias e artigos publicados. Enquanto na imprensa jornalística tem-se utilizado de vários recursos para tornar a revista mais "leve", possibilitando uma localização de informações e uma leitura mais ágil, nas revistas de educação, apesar de haver uma preocupação com a forma, permanece uma certa densidade textual. A autora faz, ainda, uma comparação entre as três revistas de educação analisadas, quanto à autoria dos artigos. No decorrer do texto, a autora realiza reflexões sobre as complexas relações entre jornalismo e educação. Como já referido, nos últimos anos, no campo da história e da sociologia da leitura — em especial a bibliografia analítica tem subsidiado parte desses estudos[36] — tem crescido o número de estudos que tomam o livro e o impresso como um objeto físico. Esses estudos buscam estabelecer relações entre as marcas materiais dos textos (formato, caracteres, tipo de ilustração, capa) e os sentidos provocados pela leitura. Ao contrário do que considerava a crítica literária tradicional, esses trabalhos não pressupõem que exista uma relação direta entre texto e leitura. O impresso e sua materialidade constitui um dos determinantes do processo de produção de sentidos. O estudo da historicidade de um texto inclui também a investigação das transformações materiais pelas quais passou. Pode-se afirmar que o artigo insere-se nessa tendência, contribuindo para a elucidação da especificidade da imprensa educativa, das leitura(s) por ela provocadas e, assim, para uma melhor compreensão do campo pedagógico. Além disso, o texto traz interessantes reflexões de natureza metodológica, que podem auxiliar pesquisadores que trabalham em perspectivas semelhantes.

Finalmente, os dois últimos textos do livro estudam a questão do alfabetismo ou do letramento, do ponto de vista histórico. A leitura propriamente dita não constitui o foco desses trabalhos, mas eles se inserem em um grupo de estudos que buscam compreender os processos de aquisição, de difusão e de generalização dos usos da escrita. Nos últimos anos, no Brasil, tem havido um crescente número de trabalhos sobre a investigação desses processos, seja no que se refere a indivíduos ou grupos de indivíduos nas sociedades contemporâneas, seja no que diz respeito a populações específicas no passado. De modo geral, nesses estudos, o conceito de alfabetização tem sido utilizado como o processo de aquisição das habilidades básicas de leitura e de escrita, enquanto o de alfabetismo ou letramento, originários do inglês *literacy*, referem-se aos usos efetivos que um indivíduo ou um grupo social fazem da leitura e da escrita.[37] Ao lado das produções nacionais de estudos que se utilizam desses conceitos, tem havido um número crescente de traduções[38] de estudos clássicos sobre o tema, demonstrando a penetração e a recepção, cada vez maior, dessa perspectiva.[39] Uma das explicações para a crescente investigação do fenômeno do letramento no país está no próprio movimento da sociedade brasileira hoje, quando o acesso à escola está, grosso modo, universalizado: como se deu em outros países, aos poucos, tem havido o deslocamento da preocupação com o analfabetismo para o alfabetismo e o letramento da população, ou seja, para os usos efetivos que grupos têm feito da leitura e da escrita.

O texto de Justino Magalhães — *Alfabetização e história: tendências e perspectivas* —, em um primeiro momento, depois de refletir sobre os conceitos de alfabetização e de literacia,[40] situa, em três fases, a produção portuguesa sobre história da alfabetização. Inicialmente centrada em estudos estatísticos, a história da alfabetização foi, aos poucos, deslocando o foco de sua atenção para os próprios processos de alfabetização, seus agentes e modos de atuação, em uma perspectiva histórico-antropológica. Mais recentemente, sem abandonar essa abordagem, desenvolvida a partir dos anos 60, os estudos tendem a tomar como foco os processos de comunicação e as consequências da cultura escrita para a formação da identidade pessoal. Em um segundo momento do texto, o autor realiza uma periodização do processo de alfabetização dos portugueses, do século XVI à primeira metade do século XIX, buscando fatores explicativos para a ocorrência de taxas, mais ou menos elevadas, de alfabetismo: a classe social, o tipo de ocupação profissional, a vivência rural ou urbana e o pertencimento sexual parecem se constituir fatores importantes para a compreensão da questão. O autor apresenta, a seguir, alguns trabalhos que têm sido realizados nesse campo — ainda relativamente pequeno, aberto e lacunar — focalizando determinados temas abordados e perspectivas de investigação adotadas. O texto do autor insere-se, como já foi referido, em um quadro de estudos que buscam apreender como se deu, ao longo da história, a progressiva difusão da leitura e da escrita em uma determinada sociedade. Para os pesquisadores brasileiros, constitui um útil instrumento para compreender melhor, no caso português, as pesquisas que adotam essa perspectiva, situando-as em um quadro mais geral de tendências da historiografia da alfabetização, e para conhecer alguns dos resultados a chegaram esses trabalhos. Essa compreensão e esse conhecimento tornam-se ainda mais significativos por se tratar do caso de um país como Portugal, cuja história tem implicações evidentes sobre a história brasileira.

Finalmente, o texto *Representações da escola e do alfabetismo no século XIX*, de Luciano Mendes de Faria Filho, também aborda a questão da inserção de grupos sociais no mundo da cultura escrita do ponto de vista histórico: o autor aborda o caso brasileiro, no século XIX. Na primeira parte do texto, busca fornecer elementos para se compreender o processo pelo qual a escola tornou-se, pouco a pouco, a principal instituição responsável pelo alfabetismo. Nesse processo, à medida em que escolarização começa a se generalizar, a cultura letrada, própria à elite escolarizada, torna-se a cultura legítima, em contraposição à cultura e os processos de transmissão orais, majoritários na sociedade da época. Para o autor, talvez a mais radical e duradoura das consequências desse processo tenha sido a produção de um conjunto da população como sujeitos analfabetos — ignorantes, incapazes. Na segunda parte do texto, o autor centra sua argumentação na questão da "desqualificação cultural e política" das camadas populares, produzidas na e através da afirmação da escola e do alfabetismo como símbolos de uma cultura superior. O autor realiza, então, uma releitura do texto "O voto do analfabeto e a tradição política brasileira", publicado nos anos 60, do historiador brasileiro José Honório Rodrigues. Essa releitura permite ao autor realizar uma análise de como esse processo de "desqualificação" se deu no interior do pensamento ilustrado brasileiro, quando discute a participação político-eleitoral do conjunto da população não alfabetizada: até a década de 80 do século passado, as restrições ao direito de voto eram de natureza social ou econômica; a partir da Lei Saraiva, além de restrições dessa natureza, acrescentam-se impedimentos ao voto do analfabeto. O texto traz uma interessante contribuição para se compreender como, no caso brasileiro, a escola se foi tornando, pouco a pouco, a principal instituição responsável pelo letramento da população e como certos conceitos e representações acerca daqueles que não dominam as habilidades básicas de leitura e de escrita — os analfabetos — foram, ao longo do tempo, difundindo-se e cristalizando-se no conjunto da sociedade.

## Notas

[1] Ver, a esse respeito, HÉBRARD (1991), KAESTLE (1991) e KOZOL (1985).

[2] A respeito da constituição do campo de estudos sobre a leitura e escrita, cf. SMITH (1989. p.260-62) e GNERRE (1987).

[3] Cf., a título de exemplo, o prefácio à quarta edição do livro já citado de Frank Smith (1989), assim como as notas "Ciência cognitiva" e "Computadores", do mesmo livro (p.293-96).

[4] A título de exemplo, cf. HAVELOCK (1996a e 1996b), ROSSI (1988), SHOUSBOE & LARSEN (1989), SVENBRO (1993), GOODY (1977), GRAFF (1991 e 1994), STREET (1984), CHARTIER (1989) e SNYDER (1998).

[5] Cf., a título de exemplo, CHARTIER & MARTIN (1989-90), DARNTON (1984) e (1990a), GINZBURG (1987), De CERTEAU (1990) e GILMORE (1989).

[6] Cf., por exemplo, FISH (1980), JÓZSA & LEENHARDT (1982), ONG (1975), LAJOLO (1988), ISER (1996) e DAVIDSON (1986).

[7] Cf., por exemplo, KATO (1985 e 1986) e MARCUSCHI (1988).

[8] Ver, a título de exemplo, WAPLES, BERELSON & BRADSHAW (1940).

[9] Referimo-nos, aqui, particularmente, àqueles grandes levantamentos que procuram, tendo em vista auxiliar na formulação de políticas educacionais e culturais, mapear a distribuição do hábito da leitura num determinado espaço e apreender as tendências mais gerais do consumo de gêneros, títulos e suportes, das formas de acesso ao impresso, da frequência da atividade de leitura e de suas relações com o mundo do trabalho e do lazer. Para uma análise do desenvolvimento histórico da tradição sociológica de estudos sobre a leitura, cf. POULAIN (1992a, 1992b e 1992c).

[10] Ver, por exemplo, o caráter diversificado - disciplinar e conceitual - da bibliografia que Roger Chartier e Jean Hébrard (1993) acrescentaram à segunda edição do livro *Pratiques de la lecture*, organizado pelo primeiro, passados cerca de dez anos de seu lançamento, em 1984, como uma espécie de estado da pesquisa sobre práticas de leitura. Cf. CHARTIER (1993a).

[11] Ver, a propósito da natureza interdisciplinar do campo, a descrição feita por Robert Darnton (1990b) do estado das investigações contemporâneas sobre a história do livro.

[12] Para acompanhar as linhas gerais do desenvolvimento dessas críticas, cf. POULAIN (1992b e 1992c), BOURDIEU & CHARTIER (1993), especialmente as páginas 278-280, e BRITO (1998).

[13] Ver, por exemplo, os levantamentos realizados pelo Ministério da Cultura e da Comunicação da França (DONNAT & COGNEAU, 1990).

[14] De acordo com Pierre Bourdieu (BOURDIEU & CHARTIER, 1993. p.276). Segundo ele, "*l'idée d'un besoin de lecture (...) est très profondément inscrite dans l'inconscient des intellectuels, sous la forme d'un droit de lecture*" (ênfase adicionada). Poderíamos acrescentar: é profundamente inscrita no inconsciente dos intelectuais, dos editores, bibliotecários, professores, jornalistas...

[15] Com efeito, é particularmente em torno da necessidade de *fazer ler* que a leitura parece ter-se convertido em um objeto de estudo a ser investigado sob uma perspectiva social. Analisando o surgimento e o desenvolvimento histórico das investigações sociológicas sobre a leitura na França, Martine Poulain (1992a, 1992b, 1992c) evidencia que a atenção aos hábitos de leitura da população francesa se desenvolve num contexto em que se misturam os interesses de editores, bibliotecários, de militantes da educação popular e do Estado por ampliar o número de leitores e favorecer a democratização da

cultura, do conhecimento e da informação. A todos eles interessa conhecer e prever os comportamentos dos leitores, e as pesquisas sobre a difusão do hábito de ler e sobre as disposições e os interesses dos leitores serão o principal instrumento para conhecer essa realidade e nela intervir. Embora a emergência das investigações de cunho social sobre a leitura, no Brasil, ainda esteja para ser estudada de modo abrangente, no que se refere aos *discursos* sobre a leitura infantojuvenil (em torno dos quais os principais estudos de caráter social sobre a leitura parecem vir se desenvolvendo no País), PERROTI (1990. p.13-19) evidencia um contexto semelhante. Para o caso norte-americano, POULAIN (1992a) destaca também um conjunto semelhante de interesses e agentes, ao analisar os trabalhos de Douglas Waples e da Escola de Chicago durante a depressão que se seguiu à crise de 1929 (cf., a título de exemplo, WAPLES, BERELSON & BRADSHAW, 1940).

[16] As noções de "não letrados", "iletrados", "letrados" e, ainda, de "letramento" surgiram recentemente na língua portuguesa e são utilizadas para descrever pontos diferentes do *continuum* no qual noções mais antigas na língua, como as de "alfabetizado" e "analfabeto", poderiam – grosso modo – serem tomadas como seus extremos. Essas noções serão retomadas mais à frente. Para uma discussão desses conceitos, ver Soares (1995 e 1998), KLEIMAN (1995) e RIBEIRO (1999).

[17] O caso do surgimento dos discursos sobre a leitura infantojuvenil no Brasil dos anos 60-70, analisado por PERROTI (1990), evidencia essa preocupação com o desenvolvimento da leitura nos países de terceiro mundo, ao analisar o papel da UNESCO, por meio de uma instituição a ela associada, a International Board on Books for Young People (IBBY), na criação da Fundação Nacional do Livro Infanto Juvenil (FNLIJ), instituição que, segundo o autor, confunde-se com boa parte da história recente da literatura infantojuvenil no País e dos discursos sobre ela. O contexto de crise – econômica, política e social – no surgimento dos estudos de cunho social nos EUA e na França é destacado por POULAIN (1992a).

[18] Estudos sobre diferentes dimensões das práticas de leitura de docentes podem ser encontrados neste volume, nos capítulos assinados por Anne-Marie Chartier e Isabel Cristina Frade, e, ainda, na coletânea organizada por MARINHO & SILVA (1998).

[19] Novas abordagens sociológicas da leitura – construídas a partir dessas críticas a essa tradição de estudos – podem ser encontradas em NAFFRECHOUX (1987), POULAIN (1988a), ROBINE (1984), BAHLOUL (1990), FRAISSE (1993) e CHAUDRON & DE SINGLY (1993).

[20] Ver, por exemplo, a análise dessas investigações feita por CHARTIER & ROCHE (1988) e CHARTIER (1993c).

[21] Um ponto de inflexão na trajetória dos estudos sobre o livro pode ser encontrado em CHARTIER (1993), publicado, originalmente, em 1984.

[22] Ver os estudos clássicos de MANDROU (1975; original de 1964) e BOLLÈME (1969 e 1971).

[23] Ver, por exemplo, CHARTIER (1990a).

[24] A propósito da constituição histórica da na noção de texto e de suas relações com a filologia, com os estudos literários e linguístico-gramaticais, assim como de suas marcas nos estudos contemporâneos sobre a linguagem, ver GINZBURG (1989), NEVES (1987), SCHLIEBEN-LANGE (1993) e, especialmente, BAKHTIN (1986).

[25] Cf. CHARTIER (1989) e, especialmente, CHARTIER (1994).

[26] A propósito, cf. FOUCAULT (1987, 1992 e s.d.), BAKHTIN (1986), e BOURDIEU (1983, 1985, 1992 e 1994).

[27] As discussões sobra a relativa indeterminação da linguagem são resumidas e analisadas por COUDRY (1988) e POSSENTI (1988). Nossa principal base para a utilização do conjunto de pressupostos a elas relacionados consistiu no trabalho de ECO (1986 e 1993).

[28] A expressão é utilizada por DUCROT (1972). As regras normais de conversação são propostas em GRICE (1967).

[29] Sob diferentes perspectivas teóricas, o papel do leitor na construção do texto e do conjunto de suas características linguísticas é analisado por diferentes investigações na área das ciências da linguagem e dos estudos literários.

[30] Esse processo de construção da leitura é ilustrado de modo particularmente interessante em ONG (1975).

[31] Ao contrário de uma tradição de estudos de sociologia e história da leitura, que tendem a fazer uma correspondência mais ou menos unívoca entre uma determinada "biblioteca" e um grupo social. A dispersão de autores, títulos e gêneros no espaço social é enfatizada pelos estudos de Roger Chartier, especialmente em CHARTIER (1990a).

[32] Para a força expressiva do objeto impresso, sobretudo do livro, ver McKenzie (1986). A introdução de novos elementos e supressão de outros tendo em vista uma nova destinação de um texto a um diferente público-leitor é analisada por CHARTIER (1990a e 1990b).

[33] Exemplos de estudos que, sob diferentes perspectivas disciplinares, vêm investigando os processos sociais e históricos de formação de leitores podem ser encontrados em HÉBRARD (1993), DE SINGLY (1993) e (1996) LAHIRE (1998).

[34] Para realizar as afirmações que se seguem, consultamos os resumos e, quando possível, os trabalhos completos publicados nos anais do I Congresso de História da Leitura e do Livro no Brasil, das últimas cinco Reuniões Anuais da Associação Nacional de Pós-Graduação e Pesquisa em Educação (ANPEd) – GTs de História da Educação e de Alfabetização, Leitura e Escrita –, dos I

e II Congresso Luso-Brasileiro de História da Educação e do 11º Congresso de Leitura no Brasil (COLE), realizado em 1997. Agradecemos a Elisabeth Chaves a colaboração na realização deste levantamento.

[35] Predominantemente francesa. Ao que tudo indica, a constituição do campo de estudos sobre práticas de leitura no Brasil se situa no quadro de um processo de acentuada importação intelectual. Um estudo mais aprofundado poderia apreender as transformações que a aclimatação da literatura internacional ao campo intelectual brasileiro termina por impor a essa literatura.

[36] Ver, por exemplo, McKENZIE (1986).

[37] Ver nota 16.

[38] Ver, por exemplo, GRAFF (1994), HAVELOCK (1996a e 1996b), OLSON (1997), OLSON E TORRANCE (1995), ONG (1998).

[39] Outro índice que ilustra essa tendência é a formação de grupos de pesquisa, em algumas instituições, que tomam o letramento como tema central, e a realização de seminários também sobre o assunto. Como exemplo, em 1999, o Congresso de Leitura no Brasil (COLE), pela primeira vez, realiza um seminário sobre a temática.

[40] Ver nota 1 do texto do autor.

## Referências

BAKHTIN, M. *Marxismo e filosofia da linguagem*. 3. ed. tr. M. Lahud e Yara F. Vieira. São Paulo: Hucitec, 1986.

BAHLOUL, Joëlle. *Lectures précaires: étude sociologique sur les faibles lecteurs*. Paris: Bibliothèque Publique d'Information; Centre Georges Pompidou, 1990.

BOLLÈME, Geneviève. *Les almanachs populaires aux XVIIe. et XVIIIe. siècles: essai d'histoire sociale*. Paris: Mouton, 1969.

BOLLÈME, Geneviève. *La bibliothèque bleue: la littérature populaire en France du XVIe.au XIXe. siècle*. Paris: Julliard, 1971.

BOURDIEU, Pierre. A economia das trocas lingüísticas. In: BOURDIEU, Pierre. *Pierre Bourdieu: sociologia*. Organização de Renato Ortiz. trad. Paula Monteiro e Alícia Auzmendi. São Paulo: Ática, 1983. p.156-83.

BOURDIEU, Pierre. *¿Que significa hablar? Economía de los intercambios lingüísticos*. Madrid: Akal, 1985.

BOURDIEU, Pierre. *Les règles de l'art: génese et structure du champ littéraire*. Paris: Éd. du Seuill, 1992.

BOURDIEU, Pierre. Pour une science des oeuvres. In: BOURDIEU, Pierre. *Raisons pratiques: sur la théorie de l'action*. Paris: Éd. du Seuil, 1994. p.59-97.

BOURDIEU, Pierre & CHARTIER, Roger. La lecture: une pratique culturelle. Débat entre Pierre Bourdieu et Roger Chartier. In: CHARTIER, Roger (org.). *Pratiques de la lecture*. 2.ed. Paris: Payot & Rivages, 1993. p.218-239.

BRITO, Percival Leme. Leitor interditado. In: MARINHO, Marildes & SILVA, Ceris Ribas da. *Leituras do professor*. Campinas: Mercado de Letras; ALB, 1998. p.61-78.

CHARTIER, Roger & HÉBRARD, Jean. Orientation bibiographique. In: CHARTIER, Roger (org.). *Pratiques de la lecture*. 2.ed. Paris: Payot & Rivages, 1993. p.295-308.

CHARTIER, Roger & ROCHE, Daniel. O livro: uma mudança de perspectiva: In: Le GOFF, Jacques & NORA, Pierre (orgs.). *História: novos objetos*. 3.ed. Rio de Janeiro: Francisco Alves, 1988. p.99-115.

CHARTIER, Roger & MARTIN, Henri-Jean (orgs.). *Histoire de l'édition française*. Paris: Fayard; Cercle de la Librairie, 1989-90. 4 vol.

CHARTIER, Roger (org.). *Pratiques de la lecture*. 2.ed. Paris: Payot & Rivages, 1993a.

CHARTIER, Roger. Du livre au lire. In: CHARTIER, Roger (org.). *Pratiques de la lecture*. 2.ed. Paris: Payot & Rivages, 1993b. p.79-113.

CHARTIER, Roger. Livro. In: BURGUIÈRE, André (org.). *Dicionário das ciências históricas*. Rio de Janeiro: Imago, 1993c. p.498-500.

CHARTIER, Roger (ed.). *The culture of print*. Princeton: Princeton University Press, 1989.

CHARTIER, Roger. Textos e edições: literatura de cordel. In: CHARTIER, Roger. *A história cultural: entre práticas e representações*. Lisboa: Difel, 1990a. p.165-187.

CHARTIER, Roger. Textos, impressos, leituras. In: CHARTIER, Roger. *A história cultural: entre práticas e representações*. trad. de M. Galhardo. Lisboa; Rio de Janeiro: Difel; Bertrand Brasil, 1990b. p.121-39.

CHARTIER, Roger. *A ordem dos livros*. trad. Mary Del Priore. Brasília: Editora da Universidade de Brasília, 1994.

CHARTIER, Anne-Marie & HÉBRARD, Jean. *Discursos sobre a leitura* — 1880-1980. São Paulo: Ática, 1995.

CHAUDRON, Martine & De SINGLY, François (orgs.). *Indentité, lecture, écriture*. Paris: Centre Georges Pompidou, 1993. p.59-75.

COUDRY, Maria Irma Hadler. *Diário de Narciso: discurso e afasia*. São Paulo: Martins Fontes, 1988.

DARNTON, Robert. *The kiss of Lamourette: reflections in cultural history*. New York: W.W.Norton, 1990a.

DARNTON, Robert. What is the history of books? In: DARNTON, Robert. *The kiss of Lamourette: reflections in cultural history*. New York: W.W.Norton, 1990b. p.107-135.

DARNTON, Robert. First steps toward a history of reading. In: DARNTON, Robert. *The kiss of Lamourette: reflections in cultural history*. New York: W.W.Norton, 1990b. p.154-187.

DARNTON, Robert. *The great cat massacre, and others episodes in French cultural history*. New York: Vintage Books, 1984.

DAVIDSON, Cathy N. *Revolution and the word*: the rise of the novel in America. New York: Oxford University Press, 1986.

De CERTEAU, Michel. L'invention du quotidien. 1. Art de faire. Nouvelle édition, établie et presentée par Luce Giard. Paris: Gallimard, 1990.

De SINGLY, François. Savoir hériter: la transmission du goût de la lecture chez les étudiants. In: FRAISSE, Emmanuel (org.) *Les étudiants et la lecture*. Paris: PUF, 1993.

De SINGLY, François de. L'appropriation de l'héritage culturel. *Lien social et politiques*, n. 35, p.153-165, printemps 1996.

DONNAT, Olivier & COGNEAU, Denis. *Les pratiques culturelles des Français*: 1973-1989. Ministère de la Culture et de la Communication; Départment des Études et de la Prospective. Paris: La Découverte/La Documentation Française, 1990.

DUCROT, O. *Dire et ne pas dire*. Paris: Hermann, 1972.

ECO, Umberto. *Lector in fabula: a cooperação interpretativa nos textos narrativos*. trad. Atílio Cancian. São Paulo: Perspectiva, 1986.

ECO, Umberto. *Interpretação e superinterpretação*. trad. Mônica Stahel. São Paulo: Martins Fontes, 1993.

FISH, Stanley. *Is there a text in this class? The authority of interpretive communities*. Cambridge, MA: Harvard University Press, 1995.

FOUCAULT, Michel. *A arqueologia do saber*. trad. Luiz Felipe Baeta Neves. 3.ed. Rio de Janeiro: Forense-Universitária, 1987.

FOUCAULT, Michel. *O que é um autor?* trad. António F. Cascais e Edmundo Cordeiro. Lisboa: Vega, 1992.

FOUCAULT, Michel. *A ordem do discurso*. trad. Sírio Possenti. s.d. (mimeo).

FRAISSE, Emmanuel (org.) *Les étudiants et la lecture*. Paris: PUF, 1993.

GILMORE, William J. *Reading becomes a necessity of life: material and cultural life in rural New England*, 1780-1835. Knoxville (USA): The University of Tennessee Press, 1989.

GINZBURG, Carlo. Sinais: raízes de um paradigma indiciário. In: *Mitos, emblemas, sinais: morfologia e história*. tr. Federico Carotti. São Paulo: Companhia das Letras, 1989. p.143-179.

GINZBURG, Carlo. *O queijo e os vermes: o cotidiano e as idéias de um moleiro perseguido pela Inquisição*. São Paulo: Companhia das Letras, 1987.

GNERRE, Maurizzio. Considerações sobre o campo de estudo da escrita. In: GNERRE, Maurizzio. *Linguagem, escrita e poder*. 2.ed. São Paulo: Martins Fontes, 1992. p.25-80.

GOODY, Jack. *The domestication of the savage mind*. Cambridge: Cambridge University Press, 1977.

GRAFF, Harvey J. *Os labirintos da alfabetização: reflexões sobre o passado e o presente da alfabetização*. Porto Alegre: Artes Médicas, 1994.

GRAFF, Harvey J. *The legacies of literacy: continuities and contradictions in Western culture and society*. Bloomington: Indiana University Press, 1991.

GRICE, H.P. *Logic and conversation*. William James Lectures. Harvard University, 1967.

HAVELOCK, Eric. *A revolução da escrita na Grécia e suas conseqüências culturais*. São Paulo: UNESP; Rio de Janeiro, Paz e Terra, 1996a.

HAVELOCK, Eric. *Prefácio a Platão*. Campinas, Papirus, 1996b.

HÉBRARD, Jean. Comment Jamerey-Duval apprit-il à lire? In: Chartier, Roger (org.) *Pratiques de la lecture*. 2.ed. Paris: Éditions Payot & Rivages, 1993. p.29-76.

HÉBRARD, Jean. L'invention de l'illetrisme dans les pays alphabétisés: le cas de la France. In: REUTER, Yves *et al.* (orgs.). *Actes du Collque de Villeurbainne*. Villeurbainne: Maison du livre, de l'image et du son; Presses Universitaires de Lyon, 1991. p.17-29.

ISER, Wolfgang. *O ato da leitura: uma teoria do efeito estético*. São Paulo: Editora 34, 1996.

JÓZSA, Pierre & LEENHARDT, Jacques. *Lire la lecture: essai de sociologie de la lecture*. (avec la collaboration de Martine Burgos). Paris: Le Sycomore, 1982.

KAESTLE, Carl F. et al. *Literacy in the United States: readers and reading since 1880*. New Haven: Yale University Press, 1991.

KATO, Mary. *No mundo da escrita: uma perspectiva psicolingüística*. São Paulo: Ática, 1986.

KATO, Mary. *O aprendizado da leitura*. São Paulo: Martins Fontes, 1985.

KLEIMAN, Angela B. (org.). *Os significados do letramento: uma nova perspectiva sobre a prática social da escrita*. Campinas: Mercado de Letras, 1995.

KOZOL, Jonathan. *Illiterate America*. New York: Anchor; Doubleday, 1985.

LAHIRE, Bernard. *L'homme pluriel. Les ressorts de l'action*. Paris: Nathan, 1998.

LAJOLO, Marisa. Leitura-literatura: mais do que uma rima, menos do que uma solução. In: SILVA, Ezequiel T. & ZILBERMAN, Regina. *Leitura: perspectivas interdisciplinares*. São Paulo: Ática, 1988. p.87-99.

McKENZIE, D.F. *Bibliography and the sociology of texts* (The Panizzi Lectures, 1985). London: The British Library, 1986.

MANDROU, Robert. *De la culture populaire aux 17e et 18e siècles*. Paris: Stock, 1975.

MARCUSCHI, Luiz Antônio. Leitura e compreensão de texto falado e escrito como ato individual de uma prática social. In: SILVA, Ezequiel T. & ZILBERMAN, Regina. *Leitura: perspectivas interdisciplinares*. São Paulo: Ática, 1988. p.38-57.

MARINHO, Marildes & SILVA, Ceris Ribas da. *Leituras do professor*. Campinas: Mercado de Letras; ALB, 1998.

NAFFRECHOUX, M. Des lecteurs qui s'ignorent: les formes populaires de la lecture. *Bulletin des bibliothèques de France*, n. 5, 1987, p.403-409.

NEVES, Maria Helena de Moura. *A vertente grega da gramática tradicional*. São Paulo: Hucitec; Brasília: Editora Universidade de Brasília, 1987.

OLSON, David R., TORRANCE, Nancy (orgs.). *Cultura escrita e oralidade*. São Paulo: Ática,1995.

OLSON, David. *O mundo de papel: as implicações conceituais e cognitivas da leitura e da escrita*. São Paulo: Ática, 1997.

ONG, Walter J. *Oralidade e cultura escrita: a tecnologização da palavra*. Campinas: Papirus, 1998.

ONG, Walter. The Writer's Audience is Always a Fiction. *PMLA* (Publication of the Modern Language Association of America), n. 90, 1975. p.9-21.

PERROTI, Edmir. *Confinamento cultural, infância e leitura*. São Paulo: Summus, 1990.

POSSENTI, Sírio. *Discurso, estilo e subjetividade*. São Paulo: Martins Fontes, 1988.

POULAIN, Martine (org.). *Pour une sociologie de la lecture: lectures et lecteurs dans la France contemporaine*. Paris: Éditions du Cercle de la Librairie, 1988a.

POULAIN, Martine. Avant-propos. In: POULAIN, Martine (org.). *Pour une sociologie de la lecture: lectures et lecteurs dans la France contemporaine*. Paris: Éditions du Cercle de la Librairie, 1988b. p.7-9.

POULAIN, Martine. Des lecteurs, des public et des bibliotèques. In: POULAIN, Martine (org.). *Histoire des bibliothèques françaises. Les bibliothèques au XXe. siècle.* Paris: Promodis; Éditions du Cercle de la Librairie, 1992c. vol. 4, p.529-543.

POULAIN, Martine. Livres et lecteurs. In: POULAIN, Martine (org.). *Histoire des bibliothèques françaises. Les bibliothèques au XXe. siècle.* Paris: Promodis; Éditions du Cercle de la Librairie, 1992b. vol. 4, p.273-293.

POULAIN, Martine. Naissance des sociologies de la lecture. In: POULAIN, Martine (org.). *Histoire des bibliothèques françaises. Les bibliothèques au XXe. siècle.* Paris: Promodis; Éditions du Cercle de la Librairie, 1992a. vol. 4, p.195-203.

RIBEIRO, Vera Masagão. *Alfabetismo e atitudes: pesquisa com jovens e adultos.* Campinas: Papirus, 1999.

ROBINE, Nicole. *Les jeunes travailleurs et la lecture.* Paris: La Documentation Française, 1984).

ROSSI, Pietro (org.). *La memoria del sapere: forme di conservazione e strutture organizzative dall'Antichità a oggi.* Roma: Editori Laterza, 1988.

SCHLIEBEN-LANGE, Brigitte. *História do falar e história da lingüística.* trad. Fernando Tarallo e outros. Campinas: Editora da Universidade Estadual de Campinas, 1993.

SCHOUSBOE, Karen & LARSEN, Morgens T. (eds.). *Literacy and society.* Copenhagen: Center for Research in the Humanities, 1989.

SMITH, Frank. *Compreendendo a leitura: uma análise psicolingüística da leitura e do aprender a ler.* Porto Alegre: Artes Médicas, 1989.

SNYDER, Ilana (ed.). *Page to screen: taking literacy into the electronic era.* London: Routledge, 1998.

SOARES, Magda B. Língua escrita, sociedade e cultura: relações, dimensões e perspectivas. *Revista brasileira de educação*, Belo Horizonte, n.0, set/out/nov/dez. 1995. p.5-16.

SOARES, Magda. *Letramento: um tema em três gêneros.* Belo Horizonte: Autêntica, 1998.

STREET, Brian V. *Literacy in theory and practice.* Cambridge: Cambridge University Press, 1984.

SVENBRO, Jesper. *Phrasikleia: an anthropology of reading in Ancient Greece.* Translated by Janet Lloyd. Ithaca: Cornell University Press, 1993.

WAPLES, D., BERELSON, B. & BRADSHAW, F. *What reading does to people. A summary of evidence on the social effects of reading and a statement of problems for research. Illinois: The University of Chicago Press, 1940.*

# FOLHETIM: UMA HISTÓRIA DE LEITURA[1]

Marlyse Meyer

Meu livro[2] nasceu de uma pergunta inicial, que eu me formulei pelos fins dos anos 60, momento em que, morando então na França, dava cursos sobre os romances de José de Alencar.

Uma indagação que foi engendrando enorme pesquisa que se estendeu por territórios vários, durante anos a fio, foi já, então, de volta ao Brasil, objeto de uma série de cursos, cujas notas foram aproveitadas, atualizadas e transformadas no "volumão" sobre o qual venho agora falar com vocês.

A pergunta era: que tipo de ficção era lido/ouvido no Brasil antes da existência de um romance nacional à moderna, que tinha uma data de nascimento oficial, ou seja, 1844, com *A moreninha* de Joaquim Manoel de Macedo? Romance este que, ao que tudo indica, foi o primeiro a ter alcance popular, vindo depois de várias tentativas precursoras que foram se acumulando entre 1830 e 1843, ano que marca a estreia de Teixeira e Sousa, autor de *Tardes de um pintor*, cujo nome permaneceu, talvez, como disse Antonio Candido, por ser muito ruim.

Eu tinha então a guiar-me as colocações de historiadores da literatura, a saber, José Aderaldo Castelo, Heron de Alencar, Antonio Candido: falavam uns em romances estrangeiros traduzidos, e outros em romance folhetim francês, como influência possível sobre nossos incipientes romancistas, e, acrescento eu, na constituição de um incipiente público, praticamente analfabeto. E tinha ainda outra bússola, fundamental: o depoimento de um "Pai Fundador" da literatura brasileira, José de Alencar no seu *Como e por que sou romancista*. Este apontava, como fontes de sua vocação de romancista, duas direções: uma que confirmava a hipótese de romances europeus, dos quais sua lembrança evocava alguns, cujos títulos eram praticamente desconhecidos. Entre eles, aquele que iria constituir o fulcro e ponto de partida de minhas pesquisas, *Sinclair das ilhas ou Os desterrados da Ilha de Barra*. Na medida em que esse título fora igualmente citado por Machado de Assis e Guimarães Rosa, valia a pena tentar decifrar o enigma que se propunha. A outra pista indicada por Alencar partia da literatura popular, ou seja, da oralidade, pista que também fui acompanhando, a partir de outro nome emblemático: *Carlos Magno e os dozes pares de França*. Essa pista da oralidade em tempos de contação de histórias que precedem a chegada do livro de ficção moderno, que eu intitulei *Tempos de oitiva*, teria constituído a primeira parte do livro ideal que eu imaginava escrever e acabou não se concretizando (ainda está na forma de artigos avulsos, notas e projeto redigido). Teria sido como um tríptico do qual o *Folhetim: uma história* seria a terceira parte.

Formulei uma hipótese inicial, a qual não se confirmaria e me levaria de volta aos dois tipos de ficção apontados pelos historiadores brasileiros, que minha pesquisa haveria de concretizar. Perguntei-me se esse desconhecido *Sinclair* não seria um romance folhetim francês. O que me levou a pesquisar primeiramente essa modalidade. *Sinclair* não figurava nela. Fui para outros caminhos. O pleno sucesso da fórmula do folhetim, ou seja, ficção publicada em pedaços cotidianos no jornal, a partir de aproximadamente 1838, apontava para um público já familiarizado e amador de ficção escrita, o que me levou a procurar mais acima no tempo. Consultando o precioso catálogo Y2 da Biblioteca Nacional de Paris, que registra a ficção anônima que precedia a década de 1840, penetrei num amplo território ficcional, muito pouco explorado na época em que eu me atirei nessa aventura. Um maremoto de romances que invadiu Inglaterra e França, num intercâmbio permanente que se segue à Revolução Francesa e denota um apetite furioso para prosa de ficção e, daí, à constituição de um veículo poderoso de sua produção e divulgação: o editor especializado nessa literatura que vai começar a se chamar popular, e o espaço por ele forjado para escoá-la: o gabinete de leitura, *circulating librairie* ou *cabinet de lecture*, que alugava livros e jornais, um nicho que serviu de expansão e alavanca à produção quase industrial desses romances. Que eram efetivamente "romances" para utilizar a distinção em inglês entre esse gênero, primórdios da literatura de massa, em suma, e "novel", esta considerada como algo mais sério e realista. Autores de "novel" eram os pais fundadores do romance inglês, De Foe, Richardson, Fielding, Sterne, que precederam e influenciaram até os/as romancistas especificamente fornecedores de gabinete de leitura. O *Sinclair das ilhas* se inseria nessa produção. Refiro-me a esse fenômeno editorial no meu artigo *Mulheres romancistas inglesas do século XVIII e romance brasileiro* em *Caminhos do Imaginário do Brasil.*[3] A resolução do enigma Sinclair está narrada num artigo que publiquei já em 1973, *O que é ou quem foi Sinclair das ilhas?*, que hoje constitui o capítulo de abertura do livro *Folhetim: uma história.*

O que é, portanto, *Sinclair das ilhas*? Escrito em 1803 por Mistriss Helm, autora de muitos outros "best-sellers", que fazem parte do que chamei de romance de segundo time de origem inglesa ou francesa e que chegaram abundantemente ao Brasil pela mediação das traduções francesas, fonte das traduções em português. Essa verificação foi feita a partir do levantamento dos anúncios de livreiros feitos nos jornais do Rio, o *Jornal do Comércio* principalmente, que examinei desde o primeiro número, de 1827; nos catálogos das bibliotecas antigas e outros fontes.

Na medida em que fui levada ao folhetim pelo meu alvo inicial — reconstituir o universo romanesco que teria antecedido à *Moreninha* (1844), contribuindo para formar tanto público quanto futuros novelistas — parece-me interessante transcrever alguns desses anúncios, atendo-me ao *Jornal do Comércio*, no momento em que vai se instalando o romance-folhetim no seu rodapé, e verificar os vários tipos de ficção romanesca, que coexistem nesse momento:

1) Um modelo velho, mas sempre existente, ao qual Machado de Assis ainda se referia em 1877, "o Carlos Magno, as farsas

de barbante", aqueles livros tradicionais, os "livros do povo", como os denomina Câmara Cascudo. Entre eles, toda a série dos Bertoldo, cuja permanência já fora apontada por Antonio Candido no seu fundamental ensaio *Dialética da malandragem.*[4]

2) Encontra-se ainda nos anúncios aquele modelo que já foi "moderníssimo" e muito amado, como *Sinclair das ilhas*, e continuadamente lido por tantos personagens de Machado. Romances "góticos", que Machado também leu: "li os romances de Ana Radcliffe". E, ainda, diretamente imitados de Paris, anúncios em francês de livros de prêmios escolares franceses.

Registrem-se por exemplo estes dois anúncios de Villeneuve: um de 15 de julho de 1843, outro um pouco posterior, oferecendo ambos longa lista de "novelas à venda na loja do jornal", que resumo:

> **Novelas interessantes**
> A herança de meu tio – 1$
> História (...) de Lovinski e Lodoiska – 600 réis
> dito da Mulher serpente
> dito Nova do Imperador Carlos Magno e dos Doze Pares de França
> dito da Donzela Teodora
> dito do célebre Caramuru (...)
> dito de João de Calais
> dito de um enforcado
> Honrado Negociante
> Jerônimo Corte Real (seria de Pereira da Silva?)
> João sem medo
> Malícia das Mulheres
> (...)
> Vendem-se em casa de J. Villeneuve
>
> **O outro anúncio:**
> Amanda e Oscar – 6v.
> O lunário perpétuo
> O secretário português
> O castelo de Granville
> Clara d'Alba (e muitos outros romancinhos franceses do gênero)

O feliz Independente
Medicina Doméstica
Livros de latim
O Italiano ou o Confessionário dos Penitentes Negros (Radcliffe)
A Nova Heloísa
Saint Clair das Ilhas ou Os desterrados na Ilha de Barra - 3v.
As Mil e uma Noites
(...)

Encontram-se também, como já se viu, as primeiras manifestações da ficção nacional.

E, em 13 de julho, uma folha sua concorrente — onde escreve também seu colaborador J. J. Rocha — publica no *Jornal do Comércio* um anúncio que assinala um marco importante na história da novela nacional — um folhetim brasileiro:

**O Brazil**

tem-se publicado regularmente e nos números 419 e 420 principiou um lindo folhetim *original* (grifo do jornal) intitulado *O Filho do Pescador*. Vende-se e subscreve-se na loja de Paula Brito.

Em 29 de setembro do mesmo ano, é Paula Brito quem anuncia diretamente a novidade nacional:

*O Filho do Pescador,* cuja história se passa no Rio de Janeiro.
Vende-se 1 vol. Por 1$
Na loja de Paula Brito
Um roubo na Pavuna
também interessante
*O Juiz de Paz na Roça* — nova edição.

Em 16 de outubro, o mesmo Paula Brito oferece uma "novidade" meio requentada — *As duas infelizes* (o autor é de meados do século XVIII):

Novela sentimental de Marmontel, traduzida por um Fluminense. Subscreve-se na typographia Imparcial de Paula Brito. A obra ficará pronta quarta ou quinta-feira.

E lá pelo fim do ano, em contraposição à novidade brasileira, os tradicionais hábitos escolares franceses, prêmios de fim de ano. Em francês, a dona de um gabinete de leitura anuncia:

> *Aux maîtres et maîtresses de pension*
> *Prix pour jeunes garçons et jeunes demoiselles:*
> *Gulliver*
> *Paroissien*
> *Robinson*
> (...)
> *Ces ouvrages, richement reliés, dorés sur tranche, se vendent au cabinet de lecture chez Melle Edet.*

Mas, a 26 de setembro, um anúncio dá o toque da presença da verdadeira grande novidade do momento, anunciador da erupção prestes a sacudir a imprensa cabocla:

> Quem tiver a obra *Mystères de Paris*, por Eugène Sue, e quiser vendê-lo, dirija-se à rua do Ouvidor 87, loja de Mongie (Mongie é um dos vários livreiros franceses da Corte que também tinha gabinete de leitura, ou seja, alugava livros a assinantes).

Em filigrana, através das listagens dos livros, transparecia a figura do serão, no qual, prolongando a tradição das histórias conhecidas tradicionalmente, dada a alta quota de analfabetismo reinante, se imagina a leitura coletiva desses romances todos. Sabe-se que muita mocinha aprendeu a ler também para ler romances, visto como algo perigoso pelos pais e educadores. O estudo desenvolvido sobre esse romance de segundo time — *Sinclair das ilhas* —, com análise dos lembrados por Alencar teria sido a segunda parte do tríptico imaginado.

E, afinal, a terceira parte, que hoje figura sozinha e constitui o livro de que trato, um estudo sobre o romance-folhetim francês que também penetrou abundantemente no Brasil em tradução do francês, que coabita uns tempos com esses romancinhos de segundo time, mas vai, aos poucos, como decorre da pesquisa nos jornais, substituindo-os completamente.

Como definir o folhetim?

No artigo *Voláteis e versáteis, de variedades e folhetins se faz a chronica* (MEYER, 1992);[5] tento deslindar as diferentes acepções do termo na imprensa brasileira, que segue as pegadas da francesa.

Mas o que focalizo aqui é o que, de início, os franceses intitularam *feuilleton-roman* e, depois, *roman-feuilleton*, ou seja, o romance de folhetim.

Ocorre dizer uma palavra sobre o que entendo por romance-folhetim. Foi uma grande invenção de um jornalista francês que surge por volta de 1840. É uma ficção publicada aos pedacinhos cotidianos num jornal. Gênero inseparável do jornal, portanto, cuja venda auxilia, pelo interesse do leitor em saber o que vai acontecer no dia seguinte. Invenção da célebre fórmula *continua amanhã!* É claro que, para se adaptar ao corte cotidiano, esse romance vai desenvolver uma técnica especial, muito suspense, muita repetição para os leitores que tomam o bonde andando, personagens meio estereotipados, história que vai espichando no tempo, aventuras mil, capa e espada e lágrimas. E, a grande novidade, a intervenção do leitor que escreve ao autor e o obriga até a ressuscitar personagem, como foi o caso do célebre herói bandido Rocambole, cujas aventuras se estenderam de 1857 a 1870, sempre morrendo e sempre renascendo. À medida que saía um bloco de peripécias, elas eram retomadas em volume pelo próprio jornal, de início, e por editores cada vez mais numerosos, em seguida. Essas edições em livro que foram se sucedendo no tempo. Alguns dos principais folhetins: *Os Três mosqueteiros*, *O conde de Monte Cristo*, *Os mistérios de Paris*, *Seduzida e abandonada*, *Aventuras de Rocambole*, *A entregadora de pão*. Autores: Eugène Sue, Alexandre Dumas, Ponson du Terrail, Richebourg, Xavier de Montepin.

Ainda que se tenha fixado numa fórmula romanesca, o romance-folhetim tem uma história e se inscreve na História. É o que examino no meu livro, ao dividi-lo em três fases, em que corresponde cada uma a acontecimentos e rupturas na sociedade francesa, inseparáveis da evolução da classe operária pós-revolução industrial. Os cortes cronológicos seriam aproximadamente 1840-1851; 1851-1871; 1871-1914.

Nessa transformação também está incluída a questão do destinatário e do veículo que o difundiu. Inseparável do jornal, dele nasceu, e, a partir dele, é seu sucesso que determina a passagem ao livro. Os primeiros folhetins se inserem de início na produção romanesca como um todo; começa o hábito da publicação seriada até para os romances sem pretensões folhetinescas. O hábito da publicação, em pedaços, de qualquer romance se estende ao Brasil: assim saiu *Quincas Borba* de Machado de Assis, por exemplo, que, evidentemente, não tem nada de folhetim.

Não há, de início, na França, diferença na apreciação crítica dos diferentes romancistas românticos. Temos, assim, o crítico consagrado da época, Sainte-Beuve, que prefere Eugène Sue a Balzac. E, para ganhar dinheiro, Balzac tenta imitar, sem a mesma habilidade, os procedimentos de Alexandre Dumas ou Eugène Sue.

Se me permitem a digressão, diverte-me lembrar que Proust, que, aliás, também estudou Sainte-Beuve, atribui, num registro de paródia, a um seu personagem, o pedante Brichot, um julgamento depreciativo sobre Balzac, que é comparado como um canônico, ou seja, desprezível folhetim:

> Eu li essas Ilusões perdidas [admirado pelo barão de Charlus] torturando-me para atingir a um fervor de iniciado, mas confesso com toda a simplicidade que esses romances folhetins, redigidos em pathos, numa algaravia dupla e tripla, sempre produziram em mim o efeito dos mistérios de Rocambole, promovido por inexplicável benevolência à precária condição de obra-prima. (PROUST, 1954. p.1051)[6]

Os jornais que acolhem de início Sue ou Dumas e seus imediatos seguidores são jornais burgueses, vendidos por sistema de assinaturas, esperados dia após dia tanto por ministros como por porteiros, da França à Rússia, e fartamente representados nos gabinetes de leitura; o romance-folhetim teve extraordinária repercussão em todas as classes sociais, consome-se com avidez *Os mistérios de Paris* ou *O conde de Monte Cristo*; é lido diretamente ou escutado pela leitura em voz alta, que multiplica o número de leitores. Entre estes, os representantes das classes laboriosas/ classes perigosas, que se reencontram retratados na sua terrível verdade por Eugène Sue, para quem escrevem e chegam até a pedir emprego. O próprio Eugène Sue, consumado *dandy*, vai acabar se convertendo por ele próprio e se eleger deputado socialista e morrer no exílio decretado pelo golpe de Estado de Luís Napoleão Bonaparte em 1851.

Aos poucos, à medida de sua formidável popularização, do desenvolvimento da imprensa e da impressão barateadas por invenções técnicas, e da crescente alfabetização, o folhetim vai se destinando especificamente às classes populares. Em 1863 é fundado *Le petit journal*, o jornal de um tostão, que marca a consagração dessa mudança, abrindo espaço tanto para o folhetim como para o *fait-divers*, folhetinizado na sua redação. O folhetim se torna sinônimo de romance popular e o ciclo de *Rocambole* de Ponson du Terrail, descabeladas aventuras de um herói proteico, simboliza essa metamorfose jornalística. Após a Comuna de Paris, que vê a derrota das classes populares, o folhetim se volta para os chamados dramas da vida, o folhetim da "desgraça pouca é bobagem", como digo, onde as lágrimas abundantes não escondem seu aspecto naturalista.

Todas essas formas de folhetim vão, desde o primeiro deles, o *Capitão Paulo*, de Alexandre Dumas, de 1838, penetrando no Brasil, praticamente concomitantes com sua publicação seriada na França. Como pude verificar, toda a imprensa brasileira do século XIX, desde os grandes jornais até os chamados jornais joco-sérios e os jornais femininos, da Corte e da província, não deixam de publicar folhetim traduzido do francês e alguns da prata da casa que não conseguem, por incompetência, alcançar o sucesso dos originais. O itinerário de sua publicação é, em geral, o mesmo: retomada em volume, de início pela tipografia do jornal, até se tornar negócio rendoso para as editoras populares que vão se multiplicar.

Coloquei-me no livro a questão do sucesso de um gênero estreitamente associado às classes operárias europeias na nossa sociedade escravista. Introduzo o tema do medo, como analogia possível entre os leitores de classes elevadas francesas e brasileiras donas de escravos, mas não abordo aqui este aspecto. No que diz respeito ao conjunto da população, o analfabetismo reina, mas alguns hábitos de leitura vão se adquirindo, não só com os romances, mas também com as Bíblias introduzidas pelos pastores protestantes em meados do século XIX. O folhetim continua sendo a grande estrela, para um público provavelmente progressivamente alargado. A sociedade vai se modificando, vão entrando os imigrantes, italianos na sua maioria. Esses imigrantes italianos, que desde a década de 1880 chegam ao Brasil em busca de condições de vida e trabalho ilusoriamente menos duras que na sua terra de origem, e que, após rude faina nas fazendas, demandam São Paulo para tentar melhorar a situação.

É interessante notar que são depoimentos de filhos de imigrantes de São Paulo, no primeiro quartel do século XX, que nos permitem conhecer situações comunitárias de leitura e fruição de romance-folhetim por um público só em parte alfabetizado.

Por esse motivo, passo agora a focalizar esses testemunhos, o que permite talvez extrapolar e imaginar situações análogas de leitura e lazer vividas por outras camadas da população trabalhadora no Brasil.

Os depoimentos mostram grupos de vizinhança associados a formas de lazer comunitário. Reuniões na privacidade das casas, onde se reencontra a tradicional função do serão, que inclui tanto o velho hábito da leitura ou contação de história em voz alta, quanto a novidade do fonógrafo. Ou idas em grupo a outra novidade, o cinema ou ao circo de sempre. Veículos antigos ou modernos, mas cujos repertórios e temas apresentavam similitudes que remetiam a antigas heranças culturais.

Pois era de se supor que, tal como sucedera outrora com os colonizadores portugueses, aqueles imigrantes italianos que aqui chegaram traziam na parca bagagem e na memória, embaladas com o sonho da "Ameriga", lembranças, fantasias e imagens suscitadas por velhas e costumeiras histórias, ouvidas, recontadas e lidas, quiçá. E podemos, graças às observações sobre a literatura popular na Itália de Antonio Gramsci, saber um pouco do que tratavam aquelas histórias:

> Sabe-se como foi escassa na primeira metade do século passado a difusão do alfabeto entre artesãos e camponeses, e escassa também a impressão de livros adaptados à pobre mentalidade dos trabalhadores braçais (...) Mas a literatura popular não se difunde somente pela literatura individual, mas também por leituras coletivas; outra atividade: os Maggi na Toscana, os 'cantastorie' na Itália meridional são próprios dos ambientes atrasados onde é difundido o analfabetismo; há também as pelejas poéticas da Sardenha e da Sicília (...) Gente que certamente se repartiria entre vários 'estratos culturais'. Aqueles que ainda só conhecem em matéria de literatura Guerino detto il Meschino, (...) I reali di Francia, Bertoldo, histórias de 'brigantes', de cavalaria, que representam certa literatura popular, a mais elementar e primitiva, difundida entre os estratos mais atrasados e 'isolados' do povo... os leitores de Guerino não lêem Dumas ou Os miseráveis... *a estes estratos correspondem um determinado folclore e um determinado 'senso comum'*. (Gramsci, 1950. p.129-133)[7]

E há outros estratos, portanto, seguindo Gramsci, que leem ou que ouvem Dumas ou *Os miseráveis*. Ou seja, Alexandre Dumas, o consagrado autor de *Os Três mosqueteiros* e de *O conde de Monte Cristo*. E Vitor Hugo, autor de *Os miseráveis*. Literatura francesa, portanto. Porque, por mais estranho que possa parecer, a literatura popular francesa do século XIX, ou seja, o romance-folhetim, foi a forma romanesca mais apreciada e conhecida na Itália do século XIX, na ausência de uma literatura nacional-popular própria. "De um modo geral", diz Gramsci, "o povo italiano se apaixonou pelas tradições francesas, por um passado que não é o seu". Um passado alimentado pelo "romance histórico popular francês (...); a literatura popular italiana se confunde com a assim chamada literatura mercantil que é uma secção da literatura popular-nacional de origem francesa". O romance-folhetim francês do século XIX, que os italianos denominam " romanzo di appendice", torna-se uma paixão alimentada por diversas editoras populares, pela publicação incessante de folhetins traduzidos do francês nos jornais italianos. E esses livros em italiano chegam ao Brasil, onde também se instalarão editoras brasileiras publicando Alexandre Dumas e outros em italiano. Jornais italianos publicados no Brasil também publicam folhetins.

E voltemos a evocar aqueles imigrantes que, em levas sucessivas, alcançaram o Brasil a partir de 1890, com ápice por volta de 1910. Camponeses vênetos de início, meridionais em seguida, todos aqueles que, explorados e miseráveis na terra de origem, perseguindo o "mito da América", vão se esfalfar nas fazendas de café de São Paulo, e engrossar tanto em São Paulo, como no Rio, as recém-criadas fileiras do proletariado brasileiro urbano. São provavelmente iletrados ou apenas alfabetizados.

Nada impede pensar que entre eles existissem os que, ainda que fosse pela oitiva, já teriam incorporado à sua bagagem imaginária aquele que, como se viu, é um dado cultural italiano: a fruição da literatura folhetinesca francesa, com todas as projeções dela decorrentes. Aquele italiano de estratos mais afastados da alfabetização, de que fala Gramsci, impregnado dos *Reali de Francia, Guerino* e *Bertoldo*, e aquele, com acesso mais fácil a outras histórias, que se comove com as desgraças de Flor de Maria, a infeliz heroína de *Os mistérios de Paris*, de Eugène Sue; que chora com a *Toutinegra do moinho*, célebre romance de um então celebérrimo autor, Richebourg, sempre lembrado por Gramsci; que peleja com os *Três mosqueteiros*; que se identifica com o *Conde de Monte Cristo*, o vingador, e que "fantasia sobre a punição a infligir ao poderoso que o injustiçou" (Gramsci, 1950. p.87). E o imigrante vai reencontrar aqui esses folhetins, publicados na imprensa brasileira, mas também, sabe-se, na imprensa brasileira em língua italiana, sem falar nas editoras de fascículos populares de origem italiana, ou nas próprias edições populares italianas que chegam aqui, ou ainda em romances publicados em italiano por casas editoras brasileiras. Tudo isso permite dizer, antecipando, que haverá um reencontro entre as tradições culturais dos imigrantes italianos e dos brasileiros, criados eles também no hábito do folhetim, lido ou ouvido em leituras coletivas.

Mas há outra coisa ainda no baú das lembranças carregadas pelos imigrantes. O gosto pela ópera, aquela grande ópera que canta e chora em música grandes sentimentos e exaltadas paixões, o equivalente italiano, como diz Gramsci, do romance-folhetim francês, um vasto romance popular musicado. E, "como o povo não é literato, e de literatura conhece somente o libreto da ópera oitocentista, acontece que os homens do povo 'melodramatizam'" (Gramsci, 1950. p.61). Assim, não somente se conhece a ópera cantada e sabem-se todas as principais árias de Verdi, Puccini, Donizetti, que são artistas populares na Itália, mas também os sentimentais e melodramáticos libretos são transformados em romances igualmente publicados pelos editores populares.

A mesma tradição a encontramos no Brasil. Lembro a peça de Martins Pena *O diletante*, que se refere à ópera como a grande mania nacional brasileira já em 1844, numa época em que o folhetim também está penetrando no Brasil (é desse ano o grande estouro de *Os mistérios de Paris* no *Jornal do Comércio* do Rio de Janeiro). Pode-se imaginar que os fanáticos ouvintes de ópera no Rio também recebem com entusiasmo o folhetim cotidiano nos jornais. E também liam os libretos que eram imediatamente traduzidos para o português, quando aqui chegava uma companhia lírica. O culto à ópera e ao "bel-canto" continua tempo afora pelo Brasil, abarcando encasacados e populares, participando de uma mistura geral de formas, ritmos, harmonias e gêneros musicais muito brasileira. Mistura geral que elimina fronteiras de gêneros, de público, de palco, do teatro lírico ao circo, passando pelo chope berrante.

Outro reencontro, portanto, em solo brasileiro, de tradições que os imigrantes italianos certamente trouxeram nas memórias. E, produto glorioso do conluio folhetim-ópera, o que vem a dizer um folhetim desdobrado, será um ítalo-brasileiro, do Rio de Janeiro, um "oriundo" amigo de infância de Pixinguinha, menino de coro de igreja, descoberto por Caruso. O rei do "bel-canto" popular, o imortal criador de *O ébrio*: Vicente Celestino.

Mas, voltando aos nossos imigrantes e a seus depoimentos, veremos que os serões comunitários, histórias lidas ou contadas, se organizavam em torno de leituras de folhetins, de histórias de cavaleiros medievais, e histórias de bandidos, estas últimas, tanto como os dramalhões sentimentais, também retomados nos dramas de circo, ou no recém-nascido cinema, também frequentado por grupos de vizinhança italianos; enquanto as seções de fonógrafo incluíam ópera e modinhas...

Jacob Penteado, futuro líder operário, filho de pai de velha família brasileira, logo falecido e de mãe vêneta, mas criado pelo padrasto e a mãe entre italianos, que moraram em diferentes bairros italianos de São Paulo, evoca sua infância no bairro do Belenzinho em 1910.[8] Jacob tirou proveito do fato de já, aos dez anos, saber ler e conhecer italiano.

Ele começa dando um exemplo que eu diria de integração, quando lembra que Dona Antonia, uma ex-fazendeira, cujo chalé ocupava todo um quarteirão, mandava chamá-lo para vir ler e traduzir o jornal *Fanfulla*, que seu padrasto recebia diariamente. A paga era a franquia ao bem sortido pomar.

Os pais de Jacob alugavam os cômodos da frente da casa a uma família de toscanos. A mulher, d. Emilia, fazia charutos. À noite chamava o menino Jacob para vir ouvir junto com seus filhos "histórias das Mil e uma noites, que ela contava em italiano. Sentávamo-nos no soalho, eu e seus três filhos, a ouvi-la, ansiosos. Deixava sempre um episódio para o dia seguinte, conservando-nos em curiosidade." Dona Emilia lhe emprestava livros:

Eu lia italiano correntemente e, por seu intermédio, devorei vários romances da popular escritora Carolina Invernizio: *La bella Venere, L'ultimo bacio, Rafaella, La Vergine des Mercato Vecchio, I Sete Capelli d'oro della Fata Gusmara* e outros.

E Jacob evoca um hábito comunitário:

> Era hábito, àquele tempo, as famílias reunirem-se, à noite, para leitura de romances, principalmente os de folhetins. Obras de Michel Zevaco, como *A ponte dos suspiros*, de ambiente veneziano, Fausta, Pardaillan, de capa e espada, faziam furor. O mesmo acontecia com os volumosos romances de Emílio Richebourg, Eugênio Sue e Ponson du Terrail. *Os mistérios de Paris*, do segundo, e os dramalhões, *A filha maldita* e *A entregadora de pão* eram os best sellers da época. Emílio Gaboriau, o pioneiro do romance policial, foi outro ídolo. Várias vezes figurei como ledor, nessas reuniões. Quase todos esses livros eram editados pela velha casa Sonzogno, de Milão, em italiano, idioma comum dos ouvintes. Com isso, apurava meus conhecimentos dessa língua.

Outra atração das reuniões noturnas: "o Gramofone (Fonógrafo ou Grafofone). Meu padrasto ganhara um numa rifa. Foi uma sensação". E os amadores de "bel canto" também ouviam as primeiras produções nacionais, da Casa Edison. Marchas, dobrados, maxixes, discursos, duetos, cantores populares como Eduardo das Neves. "E a turma ouvia, embasbacada, e contrita, exclamando: — Não é possível! Este mundo está perdido! Meu Deus, que mais irão inventar, agora?"

O menino Jacob devora livros, emprestados alguns, comprados outros, retirando uns níqueis de seu magro ordenado de menino vidreiro, uma leitura que haveria de conduzi-lo a outras formas de comunidade — a da militância política e sindical:

> De todos quantos li, na infância, nenhum deles me influenciou tanto o espírito como *Os miseráveis*, que um vizinho, o barqueiro Cêncio (Vicente Romano), emprestou-me. Jean Valjean, seu protagonista, tornou-se-me uma figura digna de respeito e admiração, bem como o santo Bispo Muriel e os jovens revolucionários Enjolras, Grantaire,

> e o pequeno Gavroche. Passei a amar o grande Victor Hugo, pode dizer-se, desde criança, devido ao seu aspecto humano e poder descritivo. E essa predileção jamais se extinguiu pelo resto da vida.

E entre as leituras do menino Jacob reencontramos a tradição peninsular: "Além dessas leituras, todos os meses, retirava quinhentos réis do meu magro ordenado para adquirir uns livrinhos que continham *resumos de óperas*".

Mas o pessoal do Belenzinho também se reúne e se encontra praticando outras formas de lazer: o circo, onde o palhaço negro Benjamin de Oliveira introduziu o teatro, levando do *Otelo* à *Viúva alegre*, encarnando ele mesmo o branquíssimo e róseo príncipe Danilo. No repertório das peças pantomimas do circo-teatro — geralmente pantomimas aquáticas — encontram-se histórias de "brigantes": *Luigi Vampa, o famigerado brigante italiano*; *Os salteadores da Calábria*; *Giuseppe Musolino, o brigante justiceiro* e o grande clássico do circo teatro até hoje: *A tomada da Bastilha*. Por curiosidade lembro outra peça comum ao circo e aos filodramáticos, a *Guerra de Canudos*, "peça obrigatória (...), com três ou cinco atos. Conforme as circunstâncias, aumentavam-lhe ou diminuam-lhe a duração". Enredo, portanto, nos cânones absolutamente folhetinescos.

E a Itália também tem a ver com esse drama ultranacional. Não só nas lembranças prováveis da mãe de Jacob, se lembrarmos que a família tinha estado na Bahia durante a época de Canudos, mas ainda num dado bastante insólito de que dá noticia Miroel Silveira: um ator que integrara uma das primeiras companhias italianas que viera ao Brasil pelos idos de 1895, Enrique Cuneo, formara sua própria, que viajava não só em São Paulo, mas pelo interior. De Taubaté volta a São Paulo, em fins de outubro de 1897 no Politeama, onde, ao repertório costumeiro — que incluía Paul Feval, *Giuletta e Romeo e Amleto*, muitos melodramas do nosso conhecido Dennery, *Os miseráveis*, a *Tosca* de Sardou, *O mestre de forja* de Georges Ohnet — anexa uma novidade: do jornalista C. G. Camilli, *Il Buon Gesú ovvero Il fanatico di Canudos*. O jornal

*Fanfulla* comenta a bela "messa in scena", destacando o "quadro allegorico dell'apoteosi, scene di grande effetto...".[9]

E o pessoal de Jacob também reencontra o folhetim na novidade do tempo, o cinema. Na sua versão heroica — os seriados que retomam *Monte Cristo, Três mosqueteiros* —, ou lacrimejante. E aqui, outra vez, a Itália. Informa Afonso Schmidt:

> ...Durante quinze anos (até 1914) foi a Itália que nos mandou filmes. A literatura cinematográfica só falava em capolavoro, em super-capolavoro.... ainda lembro dos gestos langorosos da Chica Bertini.[10]

E a memória de Jacob Penteado confirma:

> Os filmes eram quase todos em uma parte — medidos em pés — de origem francesa ou italiana (...) em 1912 a Itália-Film apresentou Os 4 diabos, com 1800 pés, fabulosos para o tempo (...) nos primeiros tempos, para atrair público, sorteavam-se prêmios e até libras esterlinas, nos intervalos. Os filmes eram mudos, mas, — além da orquestra — havia nos bastidores, por trás da tela o contra-regra, que aparelhado por uma infinidade de instrumentos e apetrechos, imitava os sons, as ondas do mar, o trem (...) as bofetadas, as chicotadas (...) O cinema italiano, com as casas Ambrosio de Milão, Pasquali de Turim, e suas famosas divas Pina Menichelli, Francesa Bertini e outras, os galãs Gustavo Serena, Tullio Carminatti (...) e o vilão Emilio Ghione (Zas la mort), aproveitava também o renome de seus grandes atores teatrais, como Ermete Zacconi, Amleto Novelli e outros, para apresentá-los em dramalhões e tragédias tão ao gosto do público. A "Cines" de Roma, especializara-se em filmes históricos da categoria de *Quo Vadis, Rapto das Sabinas, Marco Antonio e Cleópatra, Cabiria*, com o gigante Maciste." (PENTEADO, 1962. p.192-193).

O mesmo amor por cinema, pelas peripécias do seriado e pelas lágrimas amargas de Francesca Bertini, o mesmo gosto por folhetim e histórias contadas, vamos encontrá-lo noutra extremidade de São Paulo junto a outra família italiana, o casal Ernesto e Angelina Gattai, que, no mesmo ano de 1910, se instala numa casa acoplada a uma oficina de automóveis na Alameda Santos.[11]

Ele, filho de toscanos que tinham chegado ao Brasil atraídos pelo sonho utópico anarquista da Colônia Cecilia. Ela, de pais vênetos, atraídos pelo "país de cucagna" e tinham ido dar com os costados numa fazenda de café de onde haviam sido rechaçados, diante da compaixão do pai de família por um negro amarrado numa árvore e fustigado. A miséria de todos os havia conduzido a São Paulo. Angelina, recémcasada, continua a trabalhar, numa fábrica do Braz, até que venham os filhos, nascidos todos na nova casa. Autodidatas, "anarquistas graças a Deus", "muito chegados a uma reunião política" (p. 169). Quem nos conta deles é a filha, Zélia. Dona Angelina, ainda que sem muito estudo, era apaixonada por livros. Lia e sabia de cor Dante Alighieri, Castro Alves, e *Iracema*, "sofria com *Os miseráveis*" e se empolgava com o *Acuso* de Zola. Leitora solitária, "ficava até altas horas da noite, para poder concentrar-se no silêncio, lendo livros de Vitor Hugo, Kropotkin, Eça de Queiroz, Guerra Junqueiro". Guardava escondida no guarda-roupa uma pilha de livros: uma bela edição da *Divina Comédia* com ilustrações de Gustave Doré. "Para mim aquele livro era simplesmente maravilhoso, embora me assustasse com o inferno, preferia-o mil vezes ao 'Tico-Tico'", conta Zélia. Há que insistir sobre essa mudança de Seu Ernesto Gattai do Braz, tradicional reduto italiano, para a novidade da Alameda Santos. Lugar bem situado, diz Zélia, rua paralela à Avenida Paulista, onde "moravam os ricaços". A escolha de seu Ernesto reflete as mudanças em São Paulo, o progresso com os primeiros automóveis e seus ricos possuidores, habitantes das novas mansões da Avenida Paulista; traduz também o começo de ascensão social dos imigrantes italianos. Já havia italianos instalados nesse bairro afastado. Pedreiros, carroceiros, tripeiros, entregadores de pão italiano, que vinham do Bexiga, já se haviam liberado das fábricas e exerciam profissões autônomas. Entre eles, seu Roco, que possuía uma frota de carroças puxadas a burro. Foi obrigado pela prefeitura a interromper seu ofício porque "aquele bairro se tornava elegante e já não comportava cocheiras nem moscas. "O que leva seu Roco a alugar a casa a seu Gattai, que transformará a cocheira em oficina mecânica, vizinha dos "ricaços" da Avenida Paulista. Muitos dos italianos do pedaço vivem também na órbita dos ocupantes dos ricos palacetes da Avenida, como era mais conhecida naquele tempo. Por exemplo, uma costureira viúva e cheia de filhos, com a qual dona Angelina mantém laços de solidariedade assumidos ainda no navio que trazia a pobre gente da Itália. Mas há também as moças com profissões modernas. Sabe-se que muitas mocinhas italianas ascendiam socialmente estudando no Conservatório, tornando-se professoras de piano. Na Alameda Santos havia Carmela Cica, amiga da família Gattai, que tocava na orquestrinha do cinema. Os grupos de vizinhança eram cimentados pelas crianças que iam e vinham de uma casa a outra. Às vezes nasciam na mesma época, e vizinhos eram compadres entre si. Compadrio, vizinhança, luta para enfrentar um cotidiano difícil, a amizade. "Além de vizinhos, muitos eram amigos da família", diz Zélia, e a língua era um patrimônio comum que permite falar em comunidade mesmo num bairro onde italianos não constituíam a maioria.

Nesse território geograficamente circunscrito, a casa dos Gattai era um polo de atração. Lá se hospedam familiares e amigos para assistirem ao Carnaval ou a enterros chiques. Lá se refugia a família do Braz, quando estoura a revolução de 24.

Mas o grande chamariz que reúne mulheres vizinhas na casa Gattai é o saber e o talento de dona Angelina. Ela sabe ler e contar histórias. Tal Sherazade que negocia sua vida contando histórias para o Sultão, dona Angelina Gattai faz um uso astucioso do seu dom inato — antiquérrimas tradições — de contadora de histórias: ela negocia sua sobrevivência e a da família com a jovem cunhada que mora com eles, para que cozinhe em troca de histórias cotidianas. Astúcia devolvida pela "chantagem" da cunhadinha: "ou conta história ou não cozinho". "Mil vezes contar, inventar histórias do que se acabar no fogão e no maçante serviço da casa", comenta Zélia.

> ...à tarde, não havendo outros compromissos, dona Angelina reunia em sua casa algumas vizinhas interessadas em romances de folhetim.

> Aproveitavam a ocasião para fazer tricô e crochê, enquanto ouviam a leitura dos fascículos novos. Encarregadas da leitura, as filhas mais velhas de dona Angelina sabiam como ninguém dar ênfase às frases no momento preciso. Quatro fascículos eram comprados por semana e as duas jovens se revezavam: dois para cada uma....algumas vezes ela mesma lendo *Expulsa na noite de núpcias* ou *Morta na noite* de núpcias. (Gattai, 1980. p.109-11)

Pode-se ver nessas sessões de leitura um fator de integração, pois o grupo certamente misturava brasileiras e italianas. De qualquer forma, estas, a par de certamente também ouvirem leituras em italiano, — aqueles romances da popular Carolina Invernizio que a toscana D. Emilia emprestava a Jacob Penteado, e através dos quais Zelia aprendeu italiano — se deliciavam com os folhetins contados em português, através dos fascículos provavelmente divulgados pela editora Vecchi, ou, quem sabe, suplementos de alguma revista como a *Fon-Fon*.

Outro benefício das relações de vizinhança: as trocas e empréstimos de livros. Vimos o barqueiro Cencio emprestando *Os miseráveis* a Jacob Penteado, que ainda lia muitos outros livros emprestados pelos vizinhos, entre eles a obra de Carolina Invernizio, que a menina Zelia também lia, após negociar com a irmã que os tivera emprestado de uma colega de fábrica. O que era outro reforço de identidade, na medida em que tanto no Belenzinho como na Alameda Santos quase todos esses romances eram em italiano.

Os laços comunitários se refaziam no cinema, onde, misturando o tradicional ao moderno, encontramos ainda dona Angelina, no escurinho do cinema lendo em voz alta para a turma das analfabetas as legendas dos filmes mudos:

> (...) somente assim as interessadas podiam ficar a par das coisas, graças à solicitude da boa dona Angelina. Na verdade, para mamãe, o fato de ler em voz alta no cinema não representava nenhum trabalho, nenhum ato de bondade, apenas sentia prazer nisso. Acostumara-se de tal forma a fazê-lo, que muitos anos mais tarde, em platéias mais

letradas, era preciso cutucá-la mil vezes para que não incomodasse os vizinhos com suas leituras. (GATTAI, 1980. p.27)

E o que agradava no cinema eram as mesmas histórias que o folhetim contava: "Os filmes italianos faziam sucesso. Francesca Bertini atraia multidões de patrícios e não patrícios aos cinemas (...). Muitos dramas de amor fizeram dona Angelina chorar: *Honrarás tua mãe!* 'de arrancar lágrimas das pedras'", dizia.

Dona Angelina é, aliás, um resumo extraordinário das mais diferentes modalidades culturais, e circula entre as memórias italianas e a novidade brasileira, que já era a língua que falavam os filhos. Repositária e transmissora de cultura oral quando conta histórias à cunhada e às crianças. Sem nunca ter cursado escola, cultiva a cultura letrada, e transmite a cultura escrita, quando recomenda às filhas livros de alto teor literário ou político. Mas a encontramos igualmente na leitura coletiva em voz alta dos fascículos dos folhetins, como ouvinte, ou como leitora, sabendo, com sua prática da oralidade, valorizar a emoção dos conteúdos e da técnica do suspense. E com isso suscitar a emulação na analfabeta Maria Negra, a empregada da casa, que vai estudar, não só para "ler e escrever mensagens de amor", como para poder ler "sozinha aqueles romances em fascículos que a patroa comprava todas as semanas. O último, o que ainda acompanhavam, que beleza! (...) era *A filha do diretor do circo*".[12] E quem sabe a moça Angelina e outras suas conterrâneas teriam se distraído da rude faina da fábrica lendo, na "página della domenica de Avanti, giornale socialista", o "appendice dell'Avanti": de Savério de Montépin – *Il mercante di diamanti*. Esse romance, em 1907, ano da edição que examinei, estende-se de semana em semana, por meses a fio, pelas seis colunas do rodapé.

Seu Ernesto Gattai, que também lê seus romancinhos tal como *Pia dei Tolomei*, publicado por popular editora italiana, despreza o gosto de D. Angelina pelo folhetim compartilhado com aquelas mulheres analfabetas. Logo ela, que lê tanta coisa séria, como os dramas anarquistas de Pietro Gori, "verdadeira bíblia de dona

Angelina; os livros de doutrina anarquista de Bakunin e de Kropotkin. *Os miseráveis* e *Os trabalhadores do mar*, de Vitor Hugo, gastos de tantas leituras. *Thereza Raquin*, *Germinal* e *Acuso* de Emile Zola, Zola que era um ídolo de todos aqueles italianos anarquistas". Seu Ernesto, no serão, cuida da educação artística da família e dos visitantes, passando óperas no gramofone e fazendo concurso para ver quem adivinha a autoria de tal e tal ária.

Vamos reencontrar essa função agregadora da leitura, da ópera, num interessante testemunho da força cultural italiana com entrevistados de Ecléa Bosi no seu livro *Memória e sociedade: lembranças de velhos*. Por exemplo: d. Alice, de família pobre, brasileira do vale do Paraíba, que chega a São Paulo com a mãe, empregada doméstica, e se casa com um italiano, adotando com facilidade a língua e os costumes da família. Graças a um amigo que trabalhava no teatro, " assisti a *Tosca*, *Rigoletto, Aida, Pagliacci*, penso que assisti todas as óperas (...). Apesar de ser de uma família estritamente brasileira, fui me entrosando tão bem com aquela língua...".

Não só através da ópera, mas também do folhetim: "Nós recebíamos em casa o jornal *Fanfulla* e eu lia os romances em folhetim, gostei muito de *La portatrice del (sic) pane*. Mais tarde, já na minha casa do Cambuci, quando meus filhos eram pequenos, o jornaleiro entregava o folhetim separado toda semana: eram proezas de antigos cavaleiros italianos em capítulos". (p. 63,64).

Os mesmos cavaleiros italianos constituíram a primeira leitura de um filho de emigrantes nascido em Santa Rita de Passa Quatro, em 1904, em cujas fazendas de café, os pais, chegados em 1900 da província de Foggia já com cinco filhos, haviam ido trabalhar. Na roça, "os italianos não pegaram os hábitos do caboclo; pelo contrário eram os caboclos que assimilavam os hábitos dos italianos". Mas o pai tinha visto um saci (...) o brasileiro de uma perna só e o "scazzamuriddu", aquele que salta muros, o saci italiano de duas pernas. E um irmão tinha visto um lobisomem, fácil de reconhecer para quem já conhecia o "lup'unnaro"... Na roça também as noitadas coletivas; a memória de Sr. Antonio só devolve as de cunho religioso: "à noite orávamos em latim. Meu pai não era muito religioso, minha mãe era mais, mas ele é que entoava quando os vizinhos vinham em casa para cantar a ladainha de Nossa Senhora."

Em 1910, o pai leva a família para São Paulo, com intenção de voltar para a Itália, o que não alcançou. Ficam trabalhando em São Paulo, onde se instalam no Bexiga. "Minhas primeiras leituras foram em italiano. O primeiro livro que li foi *I paladini di Francia* que meus irmãos também leram em casa. Contava a história de Rinaldo de Montalbano, de Rolando, dos doze pares de França no tempo de Carlos Magno."[13]

## Heranças culturais italianas

Torno a citar Gramsci:

> Na ausência de uma literatura popular "moderna" alguns estratos do povo miúdo satisfazem exigências intelectuais e artísticas que apesar de tudo existem, ainda que seja de forma elementar e incondita: a difusão do romance cavalheiresco medieval — *Reali di Francia* — *Guerino detto* — *il Meschino* etc. Esses dois romances foram fabricados a partir de lendas da épica carolíngia e da Távola Redonda por um daqueles autores populares, os escritores *d'estro*, contemporâneos de Boccacio (fins do século XIII, século XIV), Andrea Magnabotti.

Senhor Marino, dono de um sebo em São Paulo, italiano de origem, e com uma história muito parecida com a do filme *Pai patrão*, confirma: analfabeto, primeiro ouviu as histórias do *Reali di Francia* e depois aprendeu a ler soletrando os *Três mosqueteiros*. Estudou história da Revolução Francesa com um romance que ele lamentava nunca mais ter encontrado, Carot d'Estrange, livro este citado nas lembranças de Jacob Penteado. Diz Senhor Marino que foi com Dumas, Sue e outros que aprendeu a "lutar contra a injustiça social" até se tornar militante do PCI.

Há que aproximá-lo de outro livreiro: senhor Melquíades, dono de conhecido sebo do Recife: ele conta que no Mercado de São José conheceu Manoel Belarmino da Silva, que lhe ensinou a ler, a partir do soletramento dos romances dos *12 pares de França*. Os mesmos doze pares que inflamaram o militante Otavio Brandão, que lembra deles em suas Memórias, e do anarquista José Oiticica.[14]

Os *Reali di Francia* e os Paladinos de Carlos Magno, ainda presentes nos teatros de bonecos sicilianos, são um traço comum entre o italiano Marino e o pernambucano Senhor Melquíades; é comum aos imigrantes espanhóis, que participavam ou assistiam no país de origem a pelejas entre *cristianos y moros*, e é comum a grande parte das camadas populares brasileiras (e latino-americanas): qualquer negro de zona rural brasileira conhece Carlos Magno e reproduz na congada a batalha de Oliveiros e Ferrabrás, tradição ainda viva entre os vênetos do Rio Grande do Sul. Espadas "durindanas" dos pares de França, façanhas dos folhetins de capa e espada lidas em socializantes reuniões coletivas, isto tudo compõe um imaginário popular comum.

Assim, por mais afastado do mundo da cultura oficial, iletrado sem dúvida, entre seus magros haveres, o imigrante italiano teria trazido uma bagagem cultural de memórias, emoções, saberes, valores permeados pelas lembranças das velhas histórias medievais, dos modernos e "democráticos" romances folhetim oitocentistas, com seu pathos heroicos e melodramáticos traduzindo sentimentos, gestual e retórica já recorrentes na Itália (Gramsci, 1950. 68), fios que iriam permitir o entrelaçar das identificações com aquela gente da nova terra. Que conhece Carlos Magno e folhetim francês, que, desde 1847, sabe de cor a *Norma* de Bellini e se inflamou com o melodrama de João Caetano, ligado no gosto pela oratória inflada, velho cacoete tupiniquim.

E, puro produto dessa bagagem cultural italiana arribada em terras brasílicas, não serão, repito, aqueles grandes cantores "oriundi", criados no gosto do "bel canto" e tornados autênticos cantores nacional-populares-brasileiros? Já se falou dessa notável encarnação da geleia geral brasileira: o folhetinesco e melodramático intérprete do *Ébrio* e de *Coração materno*, o operístico-cafona e muito amado Vicente Celestino. Mas há que se mencionar também um outro habitante do Belenzinho, que lá nasceu, começou a cantar em 1908 em cafés cantantes do Brás, participou no mesmo ano de um festival de Eduardo das Neves, o "palhaço-cantor", no circo Spinelli, primeiro cantor a atuar na rádio paulista, tomou parte nos cinco primeiros filmes falados brasileiros, foi admirado por Catullo da Paixão Cearense. Refiro-me ao autor de *Madrugada na roça*, e de *Velho monjolo*; de *Porteira velha*. De *Luar triste*, *Rosário de lágrimas* etc. Batizado Roque Ricciardi: o trovador Paraguassu.

E pode-se imaginar que tanto a família de Vicente Celestino em Santa Tereza, Rio, como a de Paraguassu-Ricciardi, repartiam, com o que devia ser uma paixão comum por Caruso, os outros hábitos de lazer do pessoal de Jacob Penteado ou dos Gattai; ou daqueles vidreiros adultos a quem o menino Jacob ensinava a ler ou para quem lia histórias; todos eles liam, ouviam e sabiam de todas aqueles romances folhetinescos. Aventuras de capa e espada compensadoras das frustrações e das injustiças do cotidiano, e "romances de vítimas", como "minha vida é um romance", que não só divertiam como remetiam às agruras de um mundo hostil.

Vemos, assim, a força e a importância de leituras e lazer comunitários, os quais, ao mesmo tempo que reforçam identidades italianas de origem, permitem identificações comuns com a gente da terra, com a qual, já a partir da geração dos filhos os imigrantes vão acabando por se entrosar. Italianos. Ítalo-brasileiros. Brasileiros.

## Notas

[1] Este capítulo foi originalmente redigido como uma conferência. Manteve-se o tom oral próprio a esse tipo de texto (Nota dos organizadores).

[2] A autora refere-se ao livro *Folhetim: uma história.* São Paulo: Companhia das Letras, 1996. (Nota dos organizadores)

[3] Ver MEYER, 1993.

[4] O gosto persistente por esse tipo tradicional também se pode medir por um comentário à ópera cômica de Arthur Azevedo, *A princesa dos cajueiros*, em *A estação* de 15 de abril de 1880: "Pelo que se pode inferir da lisongeira procura que tem tido a brochura, parece que *A princesa* será também um sucesso de livraria. Assim o queria o público para que o Sr. Arthur Azevedo se veja dispensado de parodiar as paródias francesas e nos dê peças propriamente originais. Sabemos que o autor, animado pela geral aceitação que tem a *Princesa dos cajueiros*, pretende transplantar para o teatro as populares histórias da *Donzela Teodora*, *Princesa Magalona*, *Imperatriz Porcina*, *João de Calais* etc., das quais já está escrita a primeira. (MEYER, Marlyse. Estações, In: *Caminhos do imaginário no Brasil*. São Paulo: EDUSP, 1993. p.83).

[5] Publicado parcialmente em CANDIDO, Antonio et al. *A crônica: o gênero, sua fixação e suas transformações no Brasil*. Campinas: Editora da Unicamp/ Fundação Casa de Rui Barbosa, 1992. p.93-133 e na revista da Abralic, havia sido incluído, de início, em *Folhetim: uma história*, mas acabei retirando — cobranças do editor quanto ao seu tamanho.

[6] PROUST, Marcel. *À la recherche du temps perdu, Sodome et Gomorrhe*, Paris, Pléiade-Gallimard, 1954.

[7] GRAMSCI, Antonio. *Letteratura e vita nazionale*. Turim: Einandi, 1950.

[8] PENTEADO, Jacob. *Belenzinho 1910 (retrato de uma época)*. São Paulo: Martins, 1962.

[9] MIROEL SILVEIRA. *A contribuição italiana ao teatro brasileiro (1895-1964)*. S. Paulo: Quiron/Mec, 1976. p.45-46.

[10] SCHMIDT, Afonso, *Mistérios de São Paulo*. São Paulo: Clube do Livro, 1955. p.130-131.

[11] GATTAI, Zélia. *Anarquistas graças a Deus*. 2ed. Rio de Janeiro: Record, 1980.

[12] Este é um exemplo de outra fonte folhetinesca, romance alemão, um "clássico" representante do que os alemães chamam literatura trivial.

[13] ECLÉA BOSI. *Memória e sociedade: lembranças de velhos*. S. Paulo, T. A. Queiroz, 1979. p.179.

[14] Ver MARLYSE MEYER, Tem mouro na costa ou Carlos Magno Reis do Congo. In: *Caminhos do imaginário no Brasil*. São Paulo: EDUSP, 1993. p.147-159.

# LEITURA LITERÁRIA E OUTRAS LEITURAS

Regina Zilberman

*Diz quem foi que inventou o alfabeto*
*e ensinou o alfabeto ao professor*
Chico Buarque de Hollanda

Sendo uma habilidade humana, a leitura tem uma existência histórica, pois se associa à adoção do alfabeto como forma de comunicação e à aceitação da escola como instituição responsável pela aprendizagem. Nem todas as sociedades humanas dispõem desses mecanismos, nem todas as épocas da história do Ocidente valorizaram-nos da mesma maneira. E nem entre as sociedades escolarizadas antigas e modernas recebeu a leitura invariavelmente a mesma consideração.

Pelo contrário, houve quem deplorasse suas consequências, como Platão, filósofo ímpar porque raramente seu porta-voz, Sócrates, diz aos participantes dos diálogos o que eles querem ouvir. A escrita, por exemplo, é matéria de *Fedro*, sendo condenada em conhecido trecho:

> Sócrates: — (...) [O] deus (...) chamava-se Thoth. Foi ele que inventou os números e o cálculo, a geometria e a astronomia, o jogo de damas e os dados, e também a escrita. Naquele tempo governava todo o Egito Tamuz, que residia ao sul do país, na grande cidade que os egípcios chamam Tebas do Egito, e a esse deus davam o nome de Ámon. Thoth foi ter com ele e mostrou-lhe as suas artes, dizendo que elas deviam ser ensinadas aos egípcios. Mas o outro quis saber a utilidade de cada um, e enquanto o inventor explicava, ele censurava ou elogiava, conforme essas artes lhe pareciam boas ou más. Dizem que Tamuz fez a Thoth diversas exposições sobre cada arte, condenações ou louvores cuja menção seria por demais extensa. Quando chegaram à escrita, disse Thoth: 'Esta arte, caro rei, tornará os egípcios mais

> sábios e lhes fortalecerá a memória; portanto, com a escrita inventei um grande auxiliar para a memória e a sabedoria.' Responde Tamuz: 'Grande artista Thoth! Não é a mesma cousa inventar uma arte e julgar da utilidade ou prejuízo que advirá aos que a exercerem. Tu, como pai da escrita, esperas dela com o teu entusiasmo precisamente o contrário do que ela pode fazer. Tal cousa tornará os homens esquecidos, pois deixarão de cultivar a memória; confiando apenas nos livros escritos, só se lembrarão de um assunto exteriormente e por meio de sinais, e não em si mesmos. Logo, tu não inventaste um auxiliar para a memória, mas apenas para a recordação. Transmites aos teus alunos uma aparência de sabedoria, e não a verdade, pois eles recebem muitas informações sem instrução e se consideram homens de grande saber embora sejam ignorantes na maior parte dos assuntos. Em conseqüência serão desagradáveis companheiros, tornar-se-ão sábios imaginários ao invés de verdadeiros sábios.[1]

Bem mais tarde, num ensaio denominado "Sobre livros e leitura", de 1851, Arthur Schopenhauer, igualmente filósofo, apresenta sua visão do assunto, não muito distinta daquela exposta por Sócrates:

> Quando lemos, outra pessoa pensa por nós: só repetimos seu processo mental. Trata-se de um caso semelhante ao do aluno que, ao aprender a escrever, traça com a pena as linhas que o professor fez com o lápis. Portanto, o trabalho de pensar nos é, em grande parte, negado quando lemos. Daí o alívio que sentimos quando passamos da ocupação com nossos próprios pensamentos à leitura. Durante a leitura nossa cabeça é apenas o campo de batalha de pensamentos alheios. Quando estes, finalmente, se retiram, que resta? Daí se segue que aquele que lê muito e quase o dia inteiro, e que nos intervalos se entretém com passatempos triviais, perde, paulatinamente, a capacidade de pensar por conta própria, como quem sempre anda a cavalo acaba esquecendo como se anda a pé. (...) A leitura contínua, retomada a todo instante, paralisa o espírito ainda mais que um trabalho manual contínuo, já que neste ainda é possível estar absorto nos próprios pensamentos. (...) Porque quanto mais lemos menos rastro deixa no espírito o que lemos; é como um quadro negro, no qual muitas coisas foram escritas umas sobre as outras.[2]

Datado o primeiro texto do século IV a. C. e o segundo, da metade do século XIX, eles não reproduzem exatamente a mentalidade vigente em seus respectivos tempos. À época de Platão, a educação se organizava e expandia na Grécia, pois, já no século V a. C., os meninos atenienses, até a idade de 14 anos, iam à escola e aprendiam quatro assuntos básicos: *grammatike* (linguagem), *mousike* (literatura), *logistike* (aritmética) e *gumnastike* (atletismo).[3] Por sua vez, foi no século IV a. C. que "o trânsito ao costume de ler livros, em vez de escutá-los, teve lugar (...); "mais ou menos a partir dos anos sessenta houve um público leitor em Atenas".[4]

À época de Platão, o ensino da gramática ou da "ciência das letras" é uma prática difundida, facultando a aprendizagem da leitura e da escrita; "*grammatikos* é então um adjetivo que pode qualificar aquele que sabe as letras, que sabe ler e escrever."[5] Data desse período o aparecimento da *Retórica para Alexandre*, "provavelmente um livro didático", atribuído a Anaxímenes de Lampsaco (c. 380-320 a.C.). Conforme George A. Kennedy, "sua importância deve-se ao fato de ser simplesmente um exemplo de um livro didático da época e à descrição das técnicas que podem ser encontradas nos discursos do século IV. Oradores da época talvez não tenham conhecido essa obra em particular, mas eles provavelmente conheciam algo similar".[6]

É no século XIX, por sua vez, que a escolarização se torna obrigatória. Até então, os membros da elite não deixavam de receber a educação que os preparava para exercer condignamente seu lugar na sociedade; mas não eram forçados a se sujeitar às normas de uma instituição exterior ao universo familiar e de estrutura própria. As crianças originárias das camadas populares, por sua vez, foram igualmente acolhidas pelo sistema escolar, se bem que nem sempre lhes era oferecido ensino de qualidade equivalente. Em ambas as situações, a "ciência das letras" coloca-se na base da aprendizagem, e a leitura, abominada por Schopenhauer, é — ou deve ser — um dos primeiros resultados do encontro entre professor e aluno.

Rejeitar a leitura é, portanto, rejeitar a escola. Ou, pelo menos, a leitura promovida pela escola, aquele que transmite "um assunto exteriormente e por meio de sinais", nas palavras de Platão, e que, para Schopenhauer, impede os próprios pensamentos. As concepções sobre o ensino da leitura talvez deem razão aos dois filósofos, como podem sugerir os textos que tratam desse tema e circularam na escola brasileira nos séculos XIX e XX.

Livros de leitura eram conhecidos pelos estudantes brasileiros desde o começo do século XIX. Um dos primeiros foi provavelmente o *Tesouro dos meninos*, livro francês traduzido por Mateus José da Rocha.[7] Na mesma linha, a Impressão Régia publicou, em 1818, e depois em 1821, 1822 e 1824, *Leitura para meninos*, "coleção de histórias morais relativas aos defeitos ordinários às idades tenras e um diálogo sobre a geografia, cronologia, história de Portugal e história natural",[8] obra organizada por José Saturnino da Costa Pereira.

O mais célebre autor de livros didáticos do período imperial foi, contudo, Abílio César Borges, o Barão de Macaúbas, tido por inspirador de Aristarco Argolo de Ramos, personagem de *O Ateneu*, de Raul Pompéia. Os livros de Abílio César Borges começaram a ser produzidos na década de 60, quando ainda lecionava na Bahia, mas sua influência estendeu-se até o final do século, ultrapassando 1888, ano em que Pompéia lançou seu romance.[9]

Para o pedagogo baiano, a "boa leitura" e o "ler bem" consistem em ler em voz alta:

> Para fazer boa leitura, deve o leitor ler com moderação, mudando o tom da voz, e dando as pausas convenientes, segundo requerem o objeto da leitura e os diferentes sinais da pontuação (...).

Enfatiza-se a natureza oral da leitura e atribui-se aos modos de dizer o texto as diferenças entre os gêneros literários:

> O tom da voz e a expressão de quem lê devem ser conformes com o assunto da leitura; de tal sorte que, ouvindo-se ler, ainda à distância de se não poderem distinguir as palavras, conheça-se pela só

> modulação da voz, se versa a leitura sobre assunto alegre ou triste, se exprime coragem ou receio, se repreensão, louvor.
>
> Também da leitura da prosa difere muito a da poesia; porquanto, além das regras que acabo de dar-vos, deve-se fazer no fim de cada verso uma pequena pausa; e, além disto, o tom da voz toma uma expressão característica, de sorte que conhece logo o ouvinte ser verso, e não prosa, o que se está lendo.

A leitura em voz alta, com o fito de melhor dizer o texto, qualidade apreendida por imitação de "bons leitores", é também estimulada em *Vários estilos*, coletânea de Arnaldo de Oliveira Barreto que abre com a crônica de Maria Amália Vaz de Carvalho sobre "O saber ler":

> Para ler bem, para dar a cor, o relevo, a vida, à obra do escritor; para ter, na voz e na expressão, a nota patética, o chiste, a vibração irônica, maliciosa, indignada; a doçura, a comoção, a tristeza, a alegria, o riso e as lágrimas – é preciso compreender, é preciso sentir, é preciso ser artista!
>
> Isto não é somente um dom espontâneo; isto é o resultado de uma educação aprimorada e cuidadosa.
>
> Nem todos a podem ter, talvez; mais muitos dos que podiam não a têm, e por isso não hesitamos em recomendá-la como um dos elementos importantes de uma boa educação.[10]

A crônica da portuguesa Maria Amália Vaz de Carvalho inicia uma seleta destinada a estudantes de séries avançadas, não mais os meninos com quem dialogava Abílio César Borges. A leitura a que ela se refere significa nesse momento passagem para a literatura. Talvez por essa razão abra uma coletânea que exibe "vários estilos", exemplificados, conforme a seleção de Arnaldo de Oliveira Barreto, por *As três formigas*, *A mata*, *A árvore* e *O culto da forma*, de Alberto de Oliveira, *Firmo, o vaqueiro*, de Coelho Neto, *O sertanejo*, de Euclides da Cunha, *O evangelho das selvas*, de Fagundes Varela, *Y-Juca-Pirama*, de Gonçalves Dias, *A justa*, *Cecília e Peri* e *Sonhos d'ouro*, de José de Alencar, *A mosca azul*, *A agulha e a linha* e *Brás Cubas*, de Machado de Assis, *Pelo Brasil*, *O caçador de esmeraldas* e *Dom Quixote*, de Olavo Bilac, *A natureza*, de Raimundo Correia, *Última corrida de touros em Salvaterra*, de Rebelo da Silva, *As procelárias*, de Teófilo Dias, *Fugindo do cativeiro* e *O pequenino morto*, de Vicente de Carvalho, entre outros.

A série de livros didáticos de João Kopke, produzida no início do século, também exemplifica esse pensamento, segundo o qual se começa pelo livro de leitura, encarregado de ajudar a memorizar a linguagem oral elevada, e desemboca-se no conhecimento da literatura, representada por textos modelares de escritores brasileiros. A metodologia de ensino que propõe expressa-se no quarto volume da série:

> Nos três volumes anteriores, o principal fito da compilação foi fornecer base para os exercícios orais de reprodução do lido e ampliação do vocabulário; do presente até ao último, é seu intento, ampliando ainda e sempre o vocabulário, inspirar, pela prática e pelo comércio contínuo com os bons modelos, o gosto literário, nos ensaios de composição sobre diversos gêneros, a que será solicitado o aluno.[11]

Estão incluídos na seleção de Kopke os seguintes escritores: Alexandre Herculano, Almeida Garrett, Alvares de Azevedo, Antônio Carlos Ribeiro de Andrada, Antônio Feliciano de Castilho, Araújo Porto Alegre, Bernardo Guimarães, Bocage, Camões, Casimiro de Abreu, Castelo Branco, Castro Alves, Curvo Semedo, Eça de Queirós, Evaristo da Veiga, Fagundes Varela, Francisco Adolfo de Varnhagen, Gonçalves Crespo, Gonçalves Dias, Gregório de Matos, Guerra Junqueiro, João de Deus, João de Lemos, Joaquim Manuel de Macedo, José Bonifácio de Andrada e Silva, José de Alencar, Machado de Assis, Nicolau Tolentino, Pimentel Maldonado, Pinheiro Chagas, Ramalho Ortigão e Sousa Viterbo.

Outra seleta, *Língua pátria*, de A. Joviano, no mesmo período sugere a predominância desse modelo, segundo o qual a leitura dos autores consagrados aprimora o gosto literário, de que resulta o bom uso da língua:

> No período do ensino, em que o aluno já tenha hábito das formas corretas para se exprimir e falar das cousas que o rodeiam e interessam,

começa o seu vocabulário a receber o primeiro contingente de expressões e vocábulos literários. Estes novos elementos, adquiridos já em parte nas primeiras recitações, serão supridos agora, diretamente, pelas composições dos melhores autores, em leitura, interpretação e cópia dos trechos em prosa e verso, devendo ser preferidos os que mais se prestem a uma assimilação pronta, de aplicação imediata.

O trabalho de assimilação das formas literárias pelo aluno se operará nas seguintes condições: a) imitando ele a leitura expressiva da professora; b) lendo por sua vez a *interpretação* do trecho literário; c) respondendo ao *questionário* que esclarece e confirma a interpretação feita; e, mais tarde, lendo o *comentário* e tomando parte na *conversação*; d) copiando o trecho literário, cuja ortografia e pontuação vão ser imitadas; e) lendo, aplicadas desde logo em frases e sentenças usuais, as expressões literárias que vão fazer parte do seu vocabulário; f) lendo em manuscrito e escrevendo o ditado da reprodução do texto original.[12]

A eficácia e a permanência desse modelo de ensino podem ser constatadas em depoimentos de escritores brasileiros educados no final do século XIX e nas primeiras décadas do século XX, como Laudelino Freire, que conta a João do Rio:

As minhas primeiras leituras, na época em que estudava preparatórios (1890-1890), foram feitas em almanaques, seletas e pequenos manuais enciclopédicos, de que me resultaram os primeiros conhecimentos com os autores nacionais e portugueses mais em voga. Recordo-me do entusiasmo, ainda hoje conservado, com que lia e decorava as poesias de Castro Alves, Gonçalves Dias, Alvares de Azevedo, Fagundes Varela, Tobias Barreto, Casimiro de Abreu, Guerra Junqueiro, Tomás Ribeiro...[13]

Mario Quintana, no interior do Rio Grande do Sul, recorda as aulas de leitura de seu tempo, dominadas pela *Seleta em prosa e verso*, de Alfredo Clemente Pinto, lançada em 1883:

Sim, havia aulas de leitura naquele tempo. A classe toda abria o livro na página indicada, o primeiro da fila começava a ler e, quando o professor dizia "adiante!", ai do que estivesse distraído, sem atinar o local do texto! Essa leitura atenta e compulsória seguia assim, banco por banco, do princípio ao fim da turma.[14]

José Lins do Rego transplanta a situação para sua ficção, fazendo a literatura tematizar sua circulação na escola:

> Era um pedaço da *Seleta clássica*, que até me divertia. Lá vinha o Paquequer rolando de cascata em cascata, do trecho de José de Alencar. (...) A "Queimada" de Castro Alves e o *há dous mil anos te mandei grito* das "Vozes da África" (...) Esses trechos da *Seleta clássica*, de tão repetidos, já ficavam íntimos da minha memória.[15]

Com a Revolução de 30 e a criação do Ministério de Educação, deu-se nova regulamentação do ensino primário e secundário. Em junho de 1931, o Ministro expediu os "programas do curso fundamental do ensino secundário", fixando os objetivos e conteúdos para a matéria agora denominada Português.[16] A meta principal desta cadeira é "proporcionar ao estudante a aquisição efetiva da língua portuguesa, habilitando-o a exprimir-se corretamente, comunicando-lhe o gosto da leitura dos bons escritores e ministrando-lhe o cabedal indispensável à formação do seu espírito bem como à sua educação literária." Para chegar a esse fito, cabe ao professor, "desde o princípio do curso", "tirar o máximo proveito da leitura, ponto de partida de todo o ensino, não se esquecendo de que, além de visar a fins educativos, ela oferece um manancial de ideias que fecundam e disciplinam a inteligência, prevenindo maiores dificuldades nas aulas de redação e estilo."

Novas "Instruções pedagógicas para a execução do programa de Português", dirigidas ao "curso ginasial do ensino secundário", são editadas em 1942.[17] No capítulo dedicado à "estrutura do curso de português", explica-se que as finalidades do programa são alcançadas "mediante um ensino pronunciadamente prático, que compreenderá três partes paralelas: gramática, leitura explicada e outros exercícios". A leitura é matéria de um capítulo inteiro do projeto, pois lhe cabe desempenhar o seguinte papel:

> O professor se empenhará em obter o máximo proveito da leitura, não se esquecendo de que ela oferece, quando bem escolhida e orientada, um manancial de ideias que fecundam e disciplinam

> a inteligência e concorrem para acentuar e elevar, no espírito dos adolescentes, a consciência patriótica e a consciência humanística. Na leitura, explicada minuciosamente de todos os pontos de vista educativos, é que os alunos encontrarão boa parte da base necessária à formação de sua personalidade integral, bem como aquelas generalidades fundamentais de onde eles poderão subir a estudos mais elevados de caráter especial.

Leitura e literatura integram-se ao programa de português, que toma sua feição definitiva. Ambas conduzem ao conhecimento da língua materna, que é simultaneamente *língua pátria* e *língua literária*. Por isso, nos livros didáticos dos anos 40 e 50 encontra-se o que é considerado o melhor da literatura nacional produzida até então. Três obras publicadas entre 30 e 50 exemplificam que corpus era esse, a quem competia consolidar o cânone da literatura brasileira e a natureza da língua literária do país.

Em *Idioma pátrio*, de Modesto de Abreu, estão selecionados textos de Afonso Arinos, Artur de Azevedo, Domingos Olímpio, Emílio de Menezes, Eduardo Prado, França Júnior, Fagundes Varela, Gonçalves Dias, Inglês de Souza, João Ribeiro, Júlia Lopes de Almeida, José do Patrocínio, Júlio Ribeiro, Joaquim Nabuco, João Francisco Lisboa, Lindolfo Gomes, Luiz Murat, Luís Guimarães Júnior, Múcio Teixeira, Manuel Antônio de Almeida, Martins Pena, Paulo Barreto, Paula Ney, Quintino Bocaiúva, Raul Pederneiras, Raimundo Correia, Rui Barbosa, Sotero dos Reis, Tobias Barreto, Visconde de Taunay, Xavier Marques e Zalina Rolim.[18]

Nelson Costa, em *Leitura e exercício*, de 1945, em grande parte repete o elenco de autores, com a seguinte seleção de textos: *O rio*, de Afonso Arinos, *Anjo enfermo*, de Afonso Celso, *A casa da rua Abílio*, de Alberto de Oliveira, *Se eu morresse amanhã*, de Álvares de Azevedo, *A fazenda*, de Bernardo Guimarães, *Meus oito anos*, de Casimiro de Abreu, *Crepúsculo sertanejo*, de Castro Alves, *Paisagem*, de Coelho Neto, *Acrobata da dor*, de Cruz e Sousa, *Carta a um afilhado*, de Eduardo Prado, *O estouro da boiada*, de Euclides da Cunha, *O canto dos sabiás*, de Fagundes Varela, *Canção do exílio*, de Gonçalves Dias, *A queimada*, de Graça Aranha, *Meu pai*, de Humberto de Campos, *A mentira*, de João Ribeiro, *Contraste*, de Joaquim Manuel de Macedo, *O minuano*, de Júlia Lopes de Almeida, *A terra natal*, de Laurindo Rabelo, *A pororoca*, de Luís Guimarães Júnior, *Uma boa ação*, de Machado de Assis, *Benedicte!*, de Olavo Bilac, *De volta na terra*, de Paulo Setúbal, *A chegada*, de Raimundo Correia, *Os colegas*, de Raul Pompéia, *A um adolescente*, de Ronald de Carvalho, *Marinha*, de Rui Barbosa, *Pressentimento*, de Tobias Barreto, *O orgulho da águia*, de Vicente de Carvalho e *Meio-dia*, de Visconde de Taunay.[19]

Este mesmo grupo de autores e obras está presente ainda em *Seleta infantil*, de Orlando e Lígia Mendes de Morais, de 1951: *O sertão bruto*, de Afonso Arinos, *Anjo enfermo*, de Afonso Celso, *Os livros*, de Antônio Vieira, *A pororoca*, de Araripe Júnior, *Saudades*, de Casimiro de Abreu, *Nossa terra, nossa gente*, de Francisca Júlia, *A boiada*, de Humberto de Campos, *A espada encantada*, de Malba Tahan, *Amo minha pátria* e *O rio*, de Olavo Bilac, *Tarde sertaneja*, de Visconde de Taunay.[20]

A leitura constitui elemento fundamental na estruturação do ensino brasileiro porque forma sua base: está no começo da aprendizagem e conduz às outras etapas do conhecimento. O campo do ensino mais próximo dela é o da literatura, representada por textos exemplares da prosa em língua portuguesa, a partir dos anos 30, fornecidos pela ficção nacional.

Nem leitura, nem literatura, contudo, têm consistência suficiente para se apresentarem como disciplinas autônomas. No século XIX e inicio do século XX, a leitura em voz alta formava o estudante no uso da língua, em especial na expressão oral, respondendo às necessidades da Retórica, ainda dominante na escola. Quando a leitura tornou-se passagem para a literatura, revelando a ênfase agora dada ao escrito, tomou acento na cadeira de Português, junto com seus companheiros de viagem, os textos literários. Mas nunca deixou de ser propedêutica, preparando para o melhor, que vem depois. Nesse sentido, é significativa a observação de Lourenço Filho, no prefácio dirigido aos professores colocado no primeiro volume da série *Pedrinho*, destinada ao ensino primário:

> Ler por ler nada significa. A leitura é um meio, um instrumento, e nenhum instrumento vale por si só, mas pelo bom emprego que dele cheguemos a fazer. O que mais importa na fase de transição, a que este livro se destina, *são os hábitos que as crianças possam tomar em face do texto escrito.*[21]

Dos anos 50 em diante, as modificações se deveram às diferentes reformas de ensino implantadas na década de 60, como a Lei de Diretrizes e Bases, e na década de 70, que alteraram o desenho do ensino básico. Os livros didáticos, especialmente quando se constitui a disciplina de Comunicação e Expressão, na década de 70, tiveram de responder às novas exigências. Mas não mudaram duas concepções básicas:

a) a noção de que a leitura — não necessariamente em voz alta, mas sempre do texto literário — forma a base do ensino, concentrada nas disciplinas relacionadas à aprendizagem da língua materna. É o que se vê, por exemplo, no livro de Carlos Emílio Faraco e Francisco M. de Moura, *Comunicação em língua portuguesa*, que divide os temas a estudar em unidades e, ao estruturá-las, toma "o texto [como] o ponto de partida para todas as atitudes".[22]

b) a noção de que os textos lidos, tão importantes para a aprendizagem, são passagem para um outro estágio, superior, situado fora do livro escolhido pela escola. No primeiro volume da série *Para gostar de ler*, que reúne crônicas de escritores brasileiros dos anos 70, essa noção aparece de modo mais evidente. Na apresentação, dirigida ao "amigo estudante", os autores garantem que "este livro não tem a intenção de ensinar coisa alguma a você. Nem gramática nem redação nem qualquer matéria incluída no programa da sua série".[23] Pelo contrário,

> nós só queremos convidar você a descobrir um mundo maravilhoso, dentro do mundo em que você vive. Este mundo é a leitura. Está à disposição de qualquer um, mas nem toda gente sabe que ele existe, e por isso não pode sentir o prazer que ele dá.

Por isso, o livro pode ser aberto "em qualquer página", dando acesso a uma crônica, gênero "que procura contar ou comentar histórias da vida de hoje". Essas histórias do cotidiano poderiam ter acontecido "até com você mesmo", só que "uma coisa é acontecer, outra coisa é escrever aquilo que aconteceu". É quando se produz a diferença:

> Então você notará, ao ler a narração do fato, como ele ganha um interesse especial, produzido pela escolha e pela arrumação das palavras. E aí começa a alegria da leitura, que vai longe. Ela nos faz conferir, pensar, entender melhor o que se passa dentro e fora da gente. Daí por diante a leitura ficará sendo um hábito, e esse hábito leva a novas descobertas. Uma *curtição*.

Tornada hábito, a leitura se entranha na vida do sujeito. Mas o texto que o "amigo estudante" tem nas mãos não é ainda o ponto de chegada; o que interessa, conforme os cronistas Carlos Drummond de Andrade, Fernando Sabino, Paulo Mendes Campos e Rubem Braga, que assinam a nota de abertura, são os "bons livros"; mas estes só vêm depois:

> As crônicas serão apenas um começo. Há um infinito de coisas deliciosas que só a leitura oferece, e que você irá encontrando sozinho, pela vida afora, na leitura dos bons livros.

Percorrido o longo caminho que leva dos "caros meninos" de Abílio César Borges ao "amigo estudante" de nossos melhores cronistas, chega-se ao mesmo lugar: a leitura proposta pela escola não se justifica, sem exibir um resultado que está além dela. Sem a exposição de finalidade situada mais além que dê visibilidade e sentido ao trabalho com textos escritos, o ensino de leitura ou a própria leitura não se sustentam. Eis a utopia da leitura, utopia, no entanto, que a desfigura, porque promete uma felicidade que está além dela, mas pela qual não pode se responsabilizar.

Será que os filósofos tinham razão em rejeitar o texto escrito?

Eric A. Havelock, em *Preface to Plato*, tenta justificar a posição de Platão, alegando que este tinha em mente conservar a tradição oral da poesia grega e poupá-la do eventual uso político que sua transmissão por escrito facultava.[24] Schopenhauer, por sua vez, condenava particularmente a literatura de massa, em ascensão à época:

> Nove décimos de toda nossa literatura atual não tem outra finalidade a não ser o de tirar alguns centavos do gosto do público: com este objetivo conspiram decididamente o autor, o editor e o crítico.[25]
>
> É por isso que, no que se refere a nossas leituras, a arte de *não* ler é sumamente importante. Esta arte consiste em nem sequer folhear o que ocupa o grande público, o tempo todo, como panfletos políticos ou literários, romances, poemas etc., que fazem tanto barulho durante algum tempo, atingindo mesmo várias edições no seu primeiro e último ano de vida (...).[26]

Na contramão da recusa sistemática, talvez possamos encontrar a Teoria da Literatura. A Poética tendeu frequentemente a colocar-se de modo normativo diante dos textos literários, o que facultou sua circulação pela escola, como podem dar a entender os trechos citados, originários de livros didáticos e de instruções governamentais; mas, esgotada, deu lugar às vanguardas, que, sob várias formulações, produziu criações destinadas a escandalizar o público, até então ocupado, a se julgar pelas palavras de Schopenhauer, em "folhear" obras "que fazem tanto barulho durante algum tempo".

Vanguarda e escola são termos inconciliáveis, pois, como escreve Mário de Andrade, "escola = imbecilidade de muitos para vaidade dum só."[27] Logo, a proposta de uma teoria da leitura dentro desses quadros só poderia se dar fora do âmbito da escola, e à revelia dela. Hans Robert Jauss, num ensaio em que discute a tragédia de Johann Wolfgang Goethe, *Ifigênia em Táuride*, propõe para o ensino da literatura uma metodologia de trabalho que libere a obra das amarras — no caso, o classicismo — a que a escola a condenou.[28] É o que ele denomina "salvação" da obra de arte, possível de ser obtida se a atividade de interpretação — a hermenêutica — recuperar o elemento emancipatório do texto.

"Emancipação", noção cara aos iluministas, é palavra-chave no universo teórico da Estética da Recepção, em particular de Hans Robert Jauss. A literatura se produz em nome dela, porque seu efeito é esse: à literatura compete "a emancipação da humanidade de suas amarras naturais, religiosas e sociais".[29] Esse papel é consequência da experiência da leitura:

> A experiência da leitura pode liberá-lo [o leitor] de adaptações, prejuízos e apertos de sua vida prática, obrigando-o a uma nova percepção das coisas. O horizonte de expectativas da literatura distingue-se do horizonte de expectativas da vida prática histórica, porque não só conserva experiências passadas, mas também antecipa a possibilidade irrealizada, alarga o campo limitado do comportamento social a novos desejos, aspirações e objetivos e com isso abre caminho à experiência futura.[30]

Revelador nessa afirmação de Jauss é o lugar atribuído à leitura: por intermédio dela a literatura preenche sua função emancipatória, exercida em companhia do leitor:

> A função social da literatura só se manifesta em sua genuína possibilidade ali onde a experiência literária do leitor entra horizonte de expectativa de sua vida prática, pré-forma sua compreensão do mundo e, com isso, repercute também em suas formas de comportamento social.[31]

Não é, contudo, Jauss quem explicita como pode ser entendido o ato de ler, e sim seu colega de universidade, Wolfgang Iser,[32] segundo o qual a natureza da obra literária determina as características da leitura e seus efeitos: sendo objeto intencional, portanto, carente de determinação plena, a especificidade da obra literária reside no fato de não apresentar objetos empíricos, mas de constituir seus próprios objetos, sem equivalência com o mundo real. Como a intenção da obra não é formulada expressamente, cabe ao leitor descobri-la; essa falha impõe a interação do leitor com o texto.

O mundo representado pelo texto literário corresponde a uma imagem esquemática, contendo inúmeros pontos de indeterminação. Personagens, objetos e espaços aparecem de forma inacabada e exigem, para serem compreendidos e introjetados, que o leitor os complete. A atividade de preenchimento desses pontos de indeterminação caracteriza a participação do leitor, que, todavia, nunca está seguro de que sua visão é correta. A ausência de uma orientação definida gera a assimetria entre o texto e o leitor; além disso, as instruções que poderiam ajudar o preenchimento dispersam-se ao longo do texto e precisam ser reunidas para que se dê o entendimento; assim, o destinatário sempre é chamado a participar da constituição do texto literário, e a cada participação, em que ele contribui com sua imaginação e experiência, novas reações são esperadas.

Os pontos de indeterminação, vazios ou lacunas de que a obra literária necessariamente se constitui, conforme pensa Roman Ingarden,[33] são a porta de entrada no texto, utilizadas pelo leitor, que, ao preenchê-las, concretiza as expectativas do mundo ficcional representado. Logo, as reações do leitor são determinadas pela estrutura do texto, que contém indeterminações, bem como orientações, códigos, estratégias e comentários; mas o leitor participa da construção do texto quando traz para dentro dele seus próprios códigos. Dão-se, pois, dois tipos de concretização — a do horizonte implícito de expectativas proposto pela obra, intraliterário, e a do horizonte de expectativas extraliterárias, que balizam o interesse estético dos leitores. Da inter-relação do efeito condicionado pela obra com a modalidade de recepção trazida pelo público nasce o diálogo entre o texto e o leitor, a integração ou o conflito entre esses dois seres vivos.

O texto sempre depende da disponibilidade do leitor de reunir numa totalidade os aspectos que lhe são oferecidos, criando uma sequência de imagens e acontecimentos que desemboca na constituição do significado da obra. Esse significado só pode ser construído na imaginação, depois de o leitor absorver as diferentes perspectivas do texto, preencher os pontos de indeterminação, sumariar o conjunto e decidir-se entre iludir-se com a ficção e observá-la criticamente. A consequência é que ele apreende e incorpora vivências e sensações até então desconhecidas, por faltarem em sua vida pessoal.

Assim sendo, ao ler, o leitor ocupa-se efetivamente com os pensamentos de outro, como advertia Schopenhauer. Mas essa experiência — a de substituir a própria subjetividade por outra — é única: o indivíduo abandona temporariamente sua própria disposição e preocupa-se com algo que até então não experimentara. Traz para o primeiro plano algo diferente dele, momento em que vivencia a alteridade como se fosse ele mesmo; entretanto, as orientações do real não desaparecem, e sim formam um pano de fundo contra o qual os pensamentos dominantes do texto assumem certo sentido. Também por esse lado a relação entre os dois sujeitos — o leitor e o texto — é dialógica.

Pensar pensamentos alheios não implica apenas compreendê-los, mas supostamente conduz a uma alteração naquele que pensa, o leitor: "pensar pensamentos de outros não quer dizer apenas compreendê-los; tais atos de compreensão só podem ser bem sucedidos se eles ajudam a formular alguma coisa em nós".[34] Os atos de compreensão envolvidos no processo de constituição do significado capacitam o leitor a refletir sobre si e a descobrir um mundo a que até então não tivera acesso.

Wolfgang Iser acredita que os textos literários não desaparecem no tempo e resistem às mudanças históricas, não por exporem valores perenes, mas porque sua estrutura, extremamente permeável, faculta aos leitores de épocas distintas inserirem-se nos acontecimentos ficcionais representados e compartilharem o universo de alteridade ali presente. Se ler é pensar o pensamento de outros, é igualmente abandonar a própria segurança para ingressar em outros modos de ser, refletir e atuar. É, por fim, apreender não apenas a respeito do que se está lendo, mas, e principalmente, sobre si mesmo.

A leitura implica aprendizagem, se o texto foi aceito enquanto alteridade com a qual um sujeito dialoga e perante a qual se posiciona. A leitura implica aprendizagem, quando a subjetividade do leitor é acatada e quando o leitor, ele mesmo, aceita-se como o eu que perde e ganha sua identidade no confronto com o texto.

Que nem todos os leitores admitem as regras desse processo, sugere-o o depoimento de Schopenhauer; que instituições como a escola ainda não descobriram como trabalhar com esse jogo entre identidade-alteridade, mostra-o a trajetória da leitura no ensino da língua portuguesa.

Que a ficção sempre soube jogar esse jogo indica-o a história da literatura que registra a presença de obras sobre os efeitos da leitura, tão antigas como o *D. Quixote*, de Miguel de Cervantes, ou tão recentes como a de Italo Calvino, *Se um viajante numa noite de inverno*. Por que a escola não pode aprender com a literatura, em vez de ensiná-la?

## Notas

[1] PLATÃO. Fedro. In:___. *Diálogos*. V. 1. Trad. de Jorge Paleikat. Rio de Janeiro: Tecnoprint, 1966. p.261-262.

[2] SCHOPENHAUER, Arthur. *Sobre livros e leitura*. Trad. de Philippe Humblé e Walter Carlos Costa. Porto Alegre: Paraula, s. d. [1994]. p.17-19.

[3] MATSEN, Patricia; ROLLINSON, Philip; SOUSA, Marion (ed.). *Readings from Classical Rhetoric*. Carbondale and Edwardsville: Southern Illinois University Press, 1990. p.30.

[4] DÜRING, Ingemar. *Aristóteles. Exposición e interpretación de su pensamiento*. Trad. e edição de Bernabé Navarro. México: Universidad Nacional Autónoma de México, 1990. p.28.

[5] DESBORDES, Françoise. *Concepções sobre a escrita na Roma antiga*. São Paulo: Ática, 1995. p.32

[6] KENNEDY, George A. *A new history of classical rhetoric*. Princeton: Princeton University Press, 1994. p.51.

[7] SILVA, Maria Beatriz Nizza da. *Cultura e sociedade no Rio de Janeiro* (1808-1821). 2.ed. São Paulo: Nacional, 1978. Em 1836, o livro foi reeditado pela Tipografia Pillet Ainé; composta originalmente por Pedro Blanchard, chamou-se nesse ano *Tesouro dos meninos: obra clássica dividida em três partes: moral, virtude, civilidade*, "vertida em português e oferecida à mocidade estudiosa, por Mateus José da Rocha". RAMOS, Vitor. *A edição portuguesa em França* (1800-1850). Paris: Fundação Calouste Gulbenkian, 1972.

[8] CABRAL, Alfredo do Vale. *Anais da Imprensa Nacional do Rio de Janeiro de 1808 a 1822*. Rio de Janeiro: Tipografia Nacional, 1881.

[9] A edição de 1890 do *Terceiro livro de leitura* apresenta adaptações à nova situação política do país, conforme aponta o prólogo do autor: "Tendo-se esgotada a sexagésima-quarta edição deste livro, justamente quando foi proclamada a República dos Estados Unidos do Brasil, tratei logo de reformá-lo para a presente edição, pondo-o em harmonia com a nova organização social, e tornando-o ao mesmo tempo mais interessante e mais apropriado ao ensino da geração, que desponta, e portanto mais útil." Borges, Abílio César. *Terceiro livro de leitura* para uso das escolas brasileiras. Nova edição reformada e melhorada. Rio de Janeiro: Francisco Alves, [1890]. As demais citações provêm dessa edição.

[10] BARRETO, Arnaldo de Oliveira (Org.) *Vários estilos.* 8.ed. São Paulo: Melhoramentos, s. d.

[11] KOPKE, João. *Quarto livro de leituras para uso das escolas primárias e secundárias.* 18.ed.. Rio de Janeiro: Francisco Alves, 1924.

[12] JOVIANO, A. "Plano das lições". In: ___. *Língua pátria.* 2.ed. aumentada. Rio de Janeiro: Papelaria e Tipografia Oriente, 1923.

[13] RIO, João do. *O momento literário.* Rio de Janeiro e Paris: Garnier, s. d.

[14] QUINTANA, Mario. *A vaca e o hipogrifo.* Porto Alegre: Garatuja, 1977.

[15] REGO, José Lins do. *Doidinho.* 25.ed. Rio de Janeiro: Nova Fronteira, 1984.

[16] Ministério de Educação e Saúde Pública. *Organização do ensino secundário.* Rio de Janeiro: Imprensa Nacional, 1931. As citações provêm desse texto.

[17] Reproduzido em: CRUZ, José Marques da. *Seleta. Português prático para a 1ª e 2ª série do curso secundário.* São Paulo: Melhoramentos, 1944. Todas as citações provêm desse texto.

[18] ABREU, Modesto de. *Idioma pátrio.* São Paulo: Nacional, 1939.

[19] COSTA, Nelson. *Leitura e exercício.* 4.ed. melhorada. Rio de Janeiro: Francisco Alves, 1945.

[20] MORAIS, Orlando e Lígia Mendes de. *Seleta infantil.* Rio de Janeiro: Aurora, 1951.

[21] LOURENÇO FILHO, M. B. *Pedrinho.* 8.ed. São Paulo: Melhoramentos, 1959.

[22] FARACO, Carlos Emílio e Moura, Francisco M. de. *Comunicação em língua portuguesa.* 3.ed. São Paulo: Ática, 1983.

[23] ANDRADE, Carlos Drummond de et alli. *Para gostar de ler*: crônicas. 6. ed. São Paulo: Ática, 1981. As citações provêm dessa edição.

[24] HAVELOCK, Eric A. *Preface to Plato.* 2ed. Cambridge and London: Harvard university Press, 1982.

[25] SCHOPENHAUER, Arthur. *op. cit.* p.29.

[26] Ibidem. p.33.

[27] ANDRADE, Mário. Prefácio interessantíssimo. In: ___. "Paulicéa desvairada". *Poesia completa*. São Paulo: Martins, s. d.

[28] Cf. JAUSS, Hans Robert. Racines und Goethes Iphigenie — Mit einem Nachwort über die Partialität der rezeptionsästhetischen Methode. In: Warning, Rainer. *Reseptionsästhetik*. Theorie und Praxis. München: Fink, 1975.

[29] JAUSS, Hans Robert. Literaturgeschichte als Provokation der Literaturwissenschaft. In: Warning, Rainer. *Reseptionsästhetik*. Theorie und Praxis. München: Fink, 1975. p.154.

[30] Ibidem. p.150.

[31] Ibidem. p.148.

[32] Cf. ISER, Wolfgang. *Die Appellstruktur der Texte*. In: Warning, Rainer. *Reseptionsästhetik*. Theorie und Praxis. München: Fink, 1975. ___. "Der Lesevorgang. Eine phänomenologische Perspektive." In: Warning, Rainer. *op. cit.* ___. Die Wirklichkeit der Fiktion. In: Warning, Rainer. *op. cit.* ___. *Der Akt des Lesens. Theorie ästhetischer Wirkung*. München: Fink, 1976. ___. A interação do texto com o leitor. In: LIMA, Luiz Costa. *A literatura e o leitor*. Textos de Estética da Recepção. Rio de Janeiro: Paz e Terra, 1979. Uma boa síntese das ideias de W. Iser encontra-se em FISS, Elisabeth Coswig. *A normalista, de Adolfo Caminha: do leitor à leitura*. Porto Alegre: PUCRS, 1995. (mimeo)

[33] INGARDEN, Roman. *A obra de arte literária*. Lisboa: Fundação Calouste Gulbenkian, 1973. V. também Bordini, Maria da Glória. *Fenomenologia e teoria literária*. São Paulo: EDUSP, 1990.

[34] ISER, Wolfgang. *Der akt des lesens. Theorie ästhetischer Wirkung*. München: Fink, 1976. p.255. ___. *The act of reading. A Theory of Aesthetic Response*. Baltimore and London: The Johns Hopkins University Press, 1978. p.158.

# OS FUTUROS PROFESSORES E A LEITURA[1]

Anne-Marie Chartier

Tradução de Míriam Goulart de Oliveira e Ceres Leite Prado

Caberá aos futuros professores orientar leituras. Por isso, fazê-los refletir sobre suas maneiras de ler, sobretudo no contexto da formação inicial, poderia ajudá-los a definir as estratégias e percursos de leitura mais adequados para o desenvolvimento de processos de formação de seus alunos.

Desde a criação dos IUFM[2] (Instituto Universitário de Formação de Mestres), com o concurso no final do 1º ano e a obrigatoriedade de memorial no 2º, as bibliotecas estão sempre cheias e os documentalistas com acúmulo de demandas, o que atesta um grande apetite pela leitura. Com efeito, declarando ler em média 2,5 livros por mês, os futuros professores comportam-se como a média dos estudantes,[3] quer dizer, como "grandes leitores", entre os jovens.[4] Os livros lidos repartem-se em três grupos mais ou menos iguais (literatura e ficção: 34%; documentação e informação: 36%; cultura geral: 30%). Em compensação, as leituras de orientação profissional (2/3 do total) têm nítida preferência sobre as leituras pessoais (1/3) e a metade dos livros lidos provêm de empréstimo.[5] Verifica-se com satisfação que a preparação para o concurso ou a urgência dos estágios não baniram os romances, que as leituras de reflexão ou de testemunho coexistem com os livros "pedagógicos".

Esse resultado satisfatório, entretanto, deve ser relativizado. Os alunos sentem-se pouco seguros em suas leituras e, ao mesmo tempo em que acham que lhes falta tempo para ler, estimam que perdem tempo lendo. Ler requer uma energia que lhes parece desperdiçada em um momento em que as contagens regressivas aumentam suas obrigações junto ao IUFM. Com ou sem razão, muitos têm a sensação de que o proveito que tiram de suas leituras é pequeno, incerto, aleatório. Diante do término dos prazos, os formadores dos futuros professores não se afligem: acabam transferindo o que não foi visto em classe para o trabalho individual, quer dizer, para as leituras. Como integrá-las às aulas e estágios dos alunos que preparam o concurso e dos estagiários do 2º. ano? Como fazer as seleções bibliográficas? Como orientar as compras pessoais ou coletivas? Como não sacrificar as leituras de abertura cultural pelas leituras diretamente úteis? Ora, os futuros professores devem se preparar para assumir um ensino polivalente, o que aumenta de maneira desencorajadora o campo do que se deve ler. Por onde começar? Como hierarquizar as urgências? Quais são os textos básicos? Para melhor dimensionar esses problemas, recolhemos alguns dados do trabalho de uma equipe de pesquisa no IUFM de Versalhes.[6] Os resultados obtidos e as entrevistas informais que acompanharam a pesquisa conduziram-nos a constatações e a questões que apresentamos aos leitores.

## Como eles leem?

Quando falam de pedagogia da leitura, os futuros mestres restituem de bom grado o discurso atual sobre a necessidade de expor os alunos a diferentes tipos de textos, sobre suportes variados (álbuns, livros, histórias em quadrinhos, jornais, cartazes etc.), sem hierarquizar *a priori* os gêneros e os textos. Mas quando são interrogados sobre suas práticas, eles selecionam na memória "as verdadeiras leituras" e esquecem as outras. Entrevistas revelaram o grande número de livros lidos não indicados espontaneamente: "Evidentemente, também li romances policiais e histórias em quadrinhos, mas isso não conta", "O livro que leio todas as noites ao meu filho é um livro?". Ao tentar corrigir esses esquecimentos, quando possível, chegam a dobrar o número de livros lidos por mês, de 2,5 para mais de cinco!

É aí que aparece um segundo ponto: de certos livros lidos não ficaram na memória nem o título nem o autor ("era sobre as novas pedagogias", "era um romance policial americano", "um livro de bolso", "um livrinho sobre a educação na pré-escola", "um livro sobre a leitura, preto, com o título em verde"). Quando lhes pedimos para relembrar todos os títulos e os autores dos livros lidos, tomam consciência de que praticam uma leitura fragmentada, de que misturam leituras de livros e leituras mais breves, aulas, cópias distribuídas pelos professores, consultas diversas, artigos de jornais e revistas. O agrupamento das informações trazidas por esses conjuntos desiguais não ajuda quem lê a tornar claros seus percursos de leitura. Tem-se, ao contrário, a sensação de que o conjunto das informações encontradas e frequentemente retidas não pode ser classificado, repertoriado e tornar-se utilizável. Para os formadores, a dificuldade está aí: seus alunos leem, mas parecem destinados às "leituras superficiais" pois não poderão, quando necessário, fazer uso de maneira explícita e precisa daquilo que leram. Dão a impressão de ter tido informações sobre tudo, sem poder, entretanto, utilizá-las de maneira pertinente e eficaz, por falta de distanciamento, de saber hierarquizar os textos, situar os autores uns em relação aos outros, relatar os conteúdos retidos na memória sobre polêmicas ou questões presentes ou passadas. Em resumo, cada formador, em sua especialidade, gostaria que a formação inicial pudesse elaborar essa "cultura da área" que eles próprios só adquiriram com a prática, mas constatam que as leituras feitas não contribuem espontaneamente para a sua construção.

Uma terceira característica torna essa esperança ainda mais incerta. Comparada ao pequeno volume de nossa amostra, a variedade dos títulos citados é enorme (em 1991-92, os 500 livros citados remetem a 430 títulos diferentes; em dezembro 1992-93, 211 livros citados, 194 títulos). O inconveniente dessa riqueza é uma dispersão extraordinária; aos formadores não é possível ler, mesmo em sua disciplina, tudo que podem ler seus alunos: cada um lê algo diferente de seu vizinho. Para "trocar ideias" sobre um livro dado (e eles falam de suas leituras aos colegas, em mais da metade dos casos), é preciso "esquecer o livro" (que é um discurso longo, construído, articulado, que admite argumentação, narrativa, estudos de casos, progressão, demonstração) para extrair, fora do contexto, um episódio, uma informação, um exemplo, uma ideia, o que poderá, se necessário, despertar um eco no interlocutor, que, ele também, "já terá lido isso em algum lugar". Com efeito, essa variedade de títulos se situa em um estoque que é, sem que ninguém tenha decidido assim, o acervo de referência de fato da biblioteca. O que veem os documentalistas, inversamente, é que a maior parte do acervo é inexplorada e que "são sempre os mesmos livros que são emprestados:[7] os mesmos" 1500 ou 2000 livros. Em dois anos, em um ritmo de cinco livros por mês, um estudante poderia na melhor das hipóteses ler 120 livros: mais de 90% do estoque de referência e 99% do acervo da biblioteca continuariam, de qualquer modo, desconhecidos. Compreende-se por que os professores, de uma forma ilegal, continuam a recorrer a cópias de artigos ou resumos de obras distribuídos e às vezes lidos durante a aula, única maneira de poder constituir referências verdadeiramente partilhadas em um universo intelectual onde a concorrência editorial, ao aumentar indefinidamente a multiplicidade de títulos, torna a produção terrivelmente repetitiva e efêmera.

## Descobertas guiadas

Isso explica a parte importante da leitura de "descobertas", que vem a ser o quarto ponto. Os estudantes declaram que de cada dez livros lidos, em média, não haviam ouvido falar de quatro, nem pela mídia, nem por um professor, nem por um conhecido. Pesquisando nas seções da biblioteca, nos domínios de seu conhecimento ou de interesse de consulta, ou procurando um título parecido com o título indicado mas não disponível, eles descobrem obras que tomam emprestadas e leem. Nessas leituras, não há pesca milagrosa. Cada um persiste espontaneamente no setor que lhe é conhecido: são os licenciados em ciências humanas os que mais leem obras gerais e os psicólogos os que mais leem sobre psicologia. O acervo de literatura infantil é mais frequentado pelas mães de crianças pequenas, que já são familiarizadas com esse setor. Quanto aos manuais escolares, cuja consulta seria tão útil para os estágios, são principalmente emprestados àqueles que já deram aulas.

Essa constatação mostra que a leitura não é a ferramenta universal que às vezes se imagina e a que ponto o conhecimento prévio do domínio do saber ou do gênero textual considerado é uma condição facilitadora quando as escolhas se fazem de maneira autônoma. Em domínios desconhecidos, procuram-se obras de iniciação. O leitor novato recebe a informação sobre o assunto neutralizando o autor, considerado simples mediador, ao passo que ele é geralmente um ator do campo pedagógico defendendo posições ou pontos de vista. Apenas emergem espontaneamente desse anonimato as obras de nomes célebres (P. Piaget. F. Dolto, D. Pennac etc.), já conhecidos antes de serem lidos. Existe, então, um tipo de divisão entre uma curta lista de autores conhecidos de todos (mas um resumo ou uma emissão de televisão podem dispensar de lê-los "realmente") e um conjunto de obras cobrindo todos os domínios pedagógicos (didáticas de todas as disciplinas, pedagogia prática ou teórica, psicologia infantil, experiências sobre a classe, a escola, a sociedade, a família, relatos de experiências ou balanço de questões etc.). Esses últimos são geralmente tomados emprestados, não podem ser anotados, nem consultados à vontade; devem ser "consumidos" rapidamente e não são relidos. Não é surpresa se, uma vez virada a última página, raramente permanece algo que os identifique ou se, na memória dos alunos, as semelhanças superficiais acabam sendo mais importantes que as diferenças.

## Leituras e estratégias de formação

É possível modificar essa tendência imposta pelas necessidades e incorporar ao dispositivo de formação, de maneira mais reflexiva, as leituras dos futuros professores? De acordo com alguns estudos,[8] não é lendo que os mestres acumulam as informações, mas as trocando com outros colegas, e os recursos escritos tanto mais lhes interessam quanto mais se aproximam das preocupações de sua vivência: antes casos de crianças com problemas no CP[9] do que a análise sobre a aprendizagem da leitura; antes o testemunho de um militante "Freinet" do que a reflexão sobre os princípios da aula cooperativa; antes a compilação de ditados com instruções de utilização do que resultados de pesquisa sobre a aquisição da ortografia. Atrás dessas escolhas seletivas, pode-se recolocar o problema da atual falta de articulação entre formação inicial e formação contínua e o do corte várias vezes constatado entre a "biblioteca" do professor em exercício e a do formador. Por isso, se a leitura representa para os formadores uma dimensão capital da formação inicial, é necessário que explicitem o que dela esperam e que daí tirem conclusões para suas estratégias de intervenção. Na expectativa de uma reflexão coletiva sobre esse assunto, gostaria de apontar três modalidades de leitura que me parecem decisivas mas que mereceriam ser mais claramente assinaladas.

Um primeiro tipo de leitura parece perpetuar a leitura universitária sobre textos de informação e de reflexão em campos disciplinares definidos. Os professores são sensatos em inseri-las fornecendo indicações bibliográficas comentadas e propondo exercícios clássicos (tomadas de notas, resumos, fichas de leitura com avaliação, apresentações etc.). Tem-se aí toda uma gama de escritos indo das obras de referência, mais próximas da pesquisa científica, aos livros de iniciação ou de grande vulgarização. Mas ao lado de textos que expõem os conhecimentos para ensinar no primário (iniciação à fonologia do francês, manual de história da França etc.), nosso 'corpus' comporta textos prescritivos (textos oficiais, mas também livros do professor) e muitos outros, misturando, em proporções variáveis, a apresentação de conhecimentos e preceitos (todas as coleções didáticas que floresceram nos últimos anos). As maneiras de ler forjadas nas Bibliotecas Universitárias não podem ser simplesmente transferidas para outros suportes. Como ajudar os novatos a se orientar em registros textuais tão variados? As dificuldades são múltiplas: alguns já têm "saber universitário" em uma certa área e outros não; o objetivo não é iniciar em um curso especializado mas formar um professor. Levar em conta tanto a informação científica como o argumento abalizado, tanto a prescrição oficial como a do militante é sempre difícil, mesmo para os formadores. Esses, na emergência, fazem escolhas empíricas para ajudar seus alunos a ler todos esses tipos de texto: quais deles? Valeria a pena explicitá-los para refletir sobre eles.

## Fabricar seu próprio mel

Um segundo tipo de leitura diz justamente respeito a todos os textos prescritivos que podem ser diretamente usados em classe: fichários, manuais, preparações de sequências publicadas em revistas etc. Os professores os descobriram por intermédio do uso e os julgam antes de tudo por critérios de utilização. Ora, ler com atenção uma gramática, um manual de matemática, um fichário de jogos coletivos permite conhecer os materiais propostos e, às vezes, as escolhas dos autores (organização dos conteúdos, lógica da progressão, tipos de exercícios), mas isso não basta para se adivinhar se são instrumentos pertinentes em uma sala de aula. Quem "sabe ler" é quem "vê" imediatamente como os alunos vão encadear as ações resultantes das instruções, quais vão ser suas dificuldades e pode então antecipar o que fará o professor para zelar pelo bom desenvolvimento. Esse "saber ler" depende diretamente do saber prático constituído à época dos estágios e poderia, aliás, ser um teste para medir a eficácia das primeiras práticas. Como aproveitar os períodos nas escolas, desde a formação inicial, para trabalhar de maneira privilegiada esse registro de "leitura"? A questão é importante, pois os iniciantes deverão trabalhar com manuais que não escolheram. Uma boa parte de sua eficácia dependerá de sua capacidade de, rapidamente, tomar conhecimento deles, de ver suas qualidades e seus limites, de dominar o andamento de conjunto ao invés de suportá-lo lição após lição.

Um terceiro tipo de leitura diz respeito ao que chamarei de "cultura geral profissional". Fazem evidentemente parte dele todas as leituras efetuadas no ensino de formação geral, sem os quais é difícil se situar em debates atuais sobre o papel da escola (político, intelectual, cultural, ético, social etc.) e que dizem respeito à cidadania de cada professor. Mas os ensaios políticos ou filosóficos, as pesquisas sociológicas ou históricas, os artigos da atualidade podem ser lidos da forma "profissional" de que falamos mais acima. Em contrapartida, como o tempo passado no IUFM poderia favorecer a expansão e sobretudo a socialização dessa nebulosa de leituras não escolarizadas, que gravitam também em torno dessas questões? Alguns estudantes (apenas alguns) são leitores atentos da imprensa quotidiana, semanal, de revistas, interessam-se pelas seções de "Educação", independentemente do concurso a que devem se submeter; outros acham nos romances e nos relatos de vida, mais que nas ciências humanas, do que se interrogar sobre as trajetórias sociais, as exclusões culturais, as reivindicações de identidade, as continuidades ou as crises de transmissão: tudo que toca o coração da profissão de docente; outros (em maior número, por razões familiares) construíram uma "cultura da infância" por meio de consultas assíduas a álbuns, revistas, filmes, emissões destinadas às crianças ou a certos setores da literatura juvenil. Percebe-se que tais familiaridades, que indicam caminhos pessoais e não podem ser nem programadas, nem avaliadas com autoridade, constituem dispositivos de formação informais porém decisivos. Nutrem as sociabilidades entre amigos, as trocas espontâneas, asseguram partilhas emocionais e investimentos simbólicos que são, tanto quanto as competências pedagógicas e intelectuais, o cimento das identidades docentes. Os formadores estão duplamente implicados aí, pois por intermédio das aulas, visitas de classes, momentos de tutoria mas também nas conversas informais, eles mantêm um discurso explícito sobre a leitura e trazem um testemunho sobre sua própria maneira de ser leitor. A produtividade de uma instituição como o IUFM será julgada também pelas permutas que souber fazer nascer e crescer, não aceitando controlá-las, e pelo que souber favorecer nos centros de formação (constituição das solidariedades de grupo, utilização de centros de convivência, escolha de opções, relações estabelecidas com as escolas, atividades associativas etc.).

Assim, segundo as formas pelas quais a leitura (o que é lido e as maneiras de ler) se integra na preparação da profissão, transmite-se de forma concreta uma relação do escrito como ferramenta de trabalho profissional, como espaço de cultura pessoal, como referente compartilhado. Trata-se então de uma questão central para formar um futuro professor polivalente, quer dizer, encarregado de ensinar a ler e a escrever. Vale sem dúvida a pena aprofundar esta questão.

## Notas

[1] Este artigo foi publicado originalmente sob o título *Les futurs professeures d'école et la lecture* na revista *Argos*, nº 14 – Continuités et ruptures. Agradecemos a autorização de Max Butlen, diretor da revista, para sua publicação nesta coletânea.

[2] Os IUFM, criados em 1989, são responsáveis pela formação de professores de todos os níveis e estão ligados, por convênio, às universidades. Para a admissão, o nível mínimo exigido é o da "licence" (três anos de estudos superiores). A formação se desenvolve em dois anos. Ao final do primeiro, aqueles que desejam tornar-se professores das séries iniciais submetem-se a um concurso regional e os outros submetem-se a um concurso nacional para cada disciplina. O segundo ano, de que participam apenas os alunos aprovados nos concursos, articula-se em torno do estágio em estabelecimentos de ensino sob a orientação de um ou mais professores-tutores e prevê a redação de um memorial profissional. Para mais detalhes, ver: BRAULT, Michel. A experiência francesa, in MENEZES, Luis Carlos de (org.) *Professores; formação e profissão*. Campinas, S.P.: Editora Autores Associados, 1996. (Nota das tradutoras)

[3] Pesquisa do Ministério da Educação Nacional/Le Monde, janeiro 1993.

[4] Ministério da Cultura, Práticas Culturais dos Franceses, 1992. Os jovens com idade entre 25-28 anos declaram a seguinte frquência mensal de leitura: nenhum livro: 14,5%; menos de um livro: 48,4%; 1 ou 2 livros: 19,7%; 3 livros ou mais: 17,4%.

[5] Pesquisamos em 1990-91 e 1991-92 em duas turmas. Para uma análise dos resultados, ler CHARTIER, A. M., DEBAYLE, J., JACHIMOWICZ, M. P., *Lectures pratiquées et lectures declarées: réflexions autour d'une enquête sur les étudiants en IUFM*, e *Les étudiants et la lecture*, sob a direção de Emmanuel Fraisse, Paris: PUF, 1993, p.73-98. Para comparação, Elizabeth Dellenbach, SCUIO, *Lectures étudiantes. Une recherche pour l'université Paris 7 — Denis Diderot*, Université Paris 7 — Denis Diderot, nov. 1994.

[6] Os resultados desta pesquisa, conduzida por Emanuel Fraisse, foram publicados na obra já indicada na nota 5: FRAISSE, E. (dir.) *Les étudiants et la lecture.* Paris: PUF, 1993.

[7] É o que se conclui dos estudos sobre o empréstimo feitos pelos bibliotecários. Por exemplo, o estudo de H. Weis e M. Spinosi sobre o Centro IUFM de Saint-Germain em 1993, onde os 5229 empréstimos recaem sobre 1674 obras, quando o acervo comporta 12000 títulos. Ela conclui: "são sempre as mesmas obras que saem, com uma freqüência de utilização muito significativa: por exemplo, em relação às obras do acervo maternal, há em torno de dez empréstimos por obra" (Relatório datilografado para uma pesquisa INRP, transmitido pelos autores).

[8] HUBERMAN, A. M., *Répertoires, recettes et vie de classe: comment les enseignants utilisent l'information.* L'art et la science de l'enseignement, sob a direção de CRAHAY e LAFONTAINE, LIÈGE, Edições Labor, 1986, p.151-183.

[9] Cours Préparatoire — 1º ano da Escola Fundamental, corresponde à nossa 1ª série. (Nota das tradutoras)

# REVISTAS PEDAGÓGICAS: QUAL É A IDENTIDADE DO IMPRESSO?[1]

Isabel Cristina Alves da Silva Frade

> *Revista*: publicação periódica que trata de assunto de interesse geral ou relacionado a uma determinada atividade ou ramo de conhecimentos (literatura, ciência, comércio, política etc.) Produzida em forma de *brochura*, a revista apresenta-se geralmente em *formato* menor que o jornal, maior número de páginas e capa colorida, com papel mais encorpado. *Veículo* impresso, de comunicação e propaganda, quase sempre ilustrado, que atinge a um público determinado, de acordo com suas características específicas e sua linha editorial ou doutrinária, artísticas, literárias, educativas, culturais, científicas, de humor etc. Os gêneros mais comuns de revistas destinadas ao grande público (ou a faixas determinadas desse grande público) são: as noticiosas, as de interesse geral, as masculinas, as femininas, de moda, de *fotonovela*, as infanto-juvenis, de histórias em quadrinhos (gibis), de esportes, de automobilismo etc. As revistas noticiosas, geralmente semanais ou mensais, seguem uma linha relativamente próxima à dos jornais, mas o tratamento das notícias é mais livre e interpretativo, a apresentação gráfica e o estilo redacional mais amenos e dá-se mais destaque a artigos, críticas, notas, entrevistas, fotorreportagens e foto-legendas. (Barbosa e Rabaça, 1987. p.516-517)

Segundo a definição acima, o formato (brochura), o fato de ser um veículo impresso de comunicação e propaganda, que tem como possíveis leitores um segmento de público definido, e a existência de gêneros textuais mais ou menos comuns parecem constituir elementos para uma possível identificação do impresso *revista*, apesar de, numa análise empírica, serem percebidas nuanças de outros tipos de materiais que vêm circulando no mercado.

O que se pode dizer é que a revista é um dos tipos de periódicos que pode ser definido no campo amplo da produção de impressos e que deve apresentar algum diferencial, em relação a outros periódicos, em termos mercadológicos.

Sendo as revistas um dos segmentos especializados da produção impressa, podem também ser entendidas como um produto cultural existente no campo da mídia impressa, ou seja, têm uma existência colada às leis do mercado editorial. Dessa forma, necessitam de algum lucro (material e/ou simbólico) e de público-alvo leitor/comprador, de mecanismos de manutenção desse público-leitor, de projetos de composição, de profissionais especializados em seu processo de edição, além de um projeto editorial que defina suas linhas de abordagem.

As revistas educacionais parecem enquadrar-se em algumas das características já descritas para outros tipos de revistas. Entretanto, os critérios utilizados para inclusão/exclusão em listas, que lidam com dificuldades relacionadas a uma concepção *strictu sensu* ou *latu sensu* de educação, ao tipo de público pretendido ou especificidade temática e às características da produção do campo da Educação são diversas. Nesse contexto, a análise das características do próprio suporte, relacionada aos elementos presentes hoje, nos campos da Educação e da Comunicação necessita ser feita. Este artigo é uma tentativa de contribuir para essa discussão. Tomo como foco três revistas de produção mineira intituladas *Amae educando*, *Dois pontos* e *Presença pedagógica*, buscando contraste com outras revistas de informação em geral.

## Revistas de educação: pensando uma identidade pelo contraste

Que identidade teriam as revistas de Educação? Que conexões podem ser feitas entre a Comunicação e a Educação?

Do ponto de vista pedagógico, pode-se dizer que a imprensa não só fornece a "informação" de que a escola tanto precisa, em função do fenômeno da explosão da informação, quanto possibilita "atualização" de professores e alunos. A imprensa também contribui na construção de sentidos para a aprendizagem, quando a escola se apropria de seus suportes e textos, visto que as informações produzidas nesse *métier* são veiculadas em suportes autênticos, abordando temas e fatos cotidianos que estão na ordem do dia. Isso já poderia ser bem problematizado, se se pensar no uso que a escola pode fazer do impresso como fonte, em sala de aula. A investigação dessa relação poderia ser feita a partir de uma vertente de análise que tomasse como ponto de vista a recepção e o consumo, pela escola, de textos produzidos pela mídia impressa e televisiva.

Uma outra conexão faz-se presente quando a Educação é tomada como notícia. Dados levantados pela Agência de Notícias dos Direitos da Infância — ANDI —, demonstram como a inserção de temáticas educacionais vem ocorrendo na mídia. Esse estudo problematiza a não existência de editorias especializadas em Educação, que faz com que as coberturas sobre o tema caiam no âmbito da superficialidade, demonstrando que esse problema de formação "atrasa, senão impede a construção de uma atitude de investigação jornalística" sobre os "fatos" da Educação que noticiam (revista *Presença pedagógica* de janeiro de 1998, p.79). Apesar disso, a pesquisa ANDI — Infância na mídia — que vem acompanhando o interesse pelo tema Educação em 50 jornais, 10 revistas e telejornais veiculados em rede nacional, coloca a Educação como quarto tema abordado pela mídia, em 1997. Acompanhando esse movimento, ou mesmo provocando-o, a Fundação Ayrton Senna instituiu um prêmio para as maiores coberturas sobre a infância, criando um sistema de titulação importante tanto para a produção como para o *marketing* das empresas de comunicação.

Entretanto, as conexões entre imprensa e Educação não param por aí. Parece que se vem tornando "necessário" que jornalistas escrevam para professores, tendo em vista a "linguagem cifrada", o "hermetismo" ou o "pedagogês" utilizados no campo da Educação. Gilberto Dimenstein, em entrevista concedida à revista *Presença pedagógica*, critica a forma hermética com que educadores escrevem e, parece que em decorrência desse tipo de demanda, já foram lançados pelo menos três títulos desse mesmo autor, abordando temáticas educacionais, sobretudo aquelas consideradas "transversais": violência e menor de rua, cidadania...

Em artigo recente para a revista *Presença pedagógica*, Ana Lagoa, que foi uma das editoras da revista Nova Escola, atualmente consultora da TV Futura, menciona o namoro, noivado e casamento da Comunicação com a Educação. Para isso, retoma algumas produções que vão desde o material impresso até programas de TV na atualidade. Nessa análise, reforça o interesse da imprensa pela Educação, retomando os cadernos especiais, frutos de editorias de Educação dos principais jornais brasileiros que, existindo durante as décadas de 60 a 80, foram desaparecendo para dar lugar ao jornalismo denúncia, que considera a Educação como notícia (leia-se denúncia).

A autora chama a atenção para a iniciativa de jornalistas, no final da década de 80, de produzir a revista Nova Escola, sobre a qual tece algumas críticas:

> Havíamos sido – e nisso continuaríamos tendo recaídas por algum tempo – os interlocutores privilegiados por nosso saber, apontando, explicando, denunciando, elogiando às vezes esta ou aquela medida, colhendo aqui e ali a fala do professor e do aluno quando precisávamos de referendo para um encadeamento de idéias que seguiam um esquema preestabelecido – o esquema criado pelo senso comum. Era como se uma parede, uma nuvem densa, uma barreira nos impedisse de ir além. Arautos da verdade – porque donos da informação – nossa era a fala, a narrativa. E essa narrativa andava em círculos. As reportagens publicadas na revista *Nova Escola* nos anos 80/90, analisadas com os olhos de hoje, refletem isso. O projeto que hoje consideramos como interface da Comunicação com a Educação vai se delineando, aos poucos, entremeando ainda aqui e ali a narrativa anterior, pincelando aqui e ali uma receita pronta, escorregando aqui e ali nos estereótipos com relação ao professor. Tateando. Propondo hipóteses de trabalho e refazendo-as em processos de avaliação *com a presença de professores das redes públicas e*

*privadas de ensino e especialistas da academia"* (*Presença pedagógica*, jan/fev, 1998. p.33, Grifos meus).

É interessante perceber que a *Nova Escola* foi uma revista produzida por jornalistas, que tinham concepções próprias do campo e as transferiram para a Educação. Parece que a mudança de rumo é feita mais adequadamente quando se busca interlocução com outros atores, que têm a Educação como objeto de trabalho: professores e especialistas da academia.

A autora continua a descrever o movimento de aproximação entre a Educação e a Comunicação, citando a ampliação do campo das publicações. Por evidenciar uma forma de classificação das revistas que são objeto desta pesquisa, será transcrito o trecho a seguir, também um ótimo exemplo de uma representação sobre algumas das principais revistas e periódicos editados no País:

> A senda aberta vem sendo ampliada por outras publicações. Outros sonhos que se tornam realidades: *Presença pedagógica* – que concilia reportagem, artigos de peso e entrevistas, num claro parâmetro teórico e político em relação ao que seja educar neste final de milênio, sempre embalada em rico projeto visual; *Amae educando* – que evoluiu do jornal para a revista especializada no resgate das experiências escolares; *Pátio*, firmada em artigos de peso; *Dois pontos* – também baseada na mistura de artigos e entrevistas, algumas vezes reportagens; *Educação* – produto novo, editado pelo sindicato das Escolas Privadas de São Paulo. Isso para lembrar as mais importantes, fora os suplementos de jornais que revivem o esquema cobertura factual mais análise – como o editado pelo carioca *O Dia*. (op. cit., p.33. Grifos meus)

Após esse noivado da Comunicação com a Educação, o casamento é indicado pela incorporação da televisão como recurso educativo. São citados os vários programas educativos: Globo Ciências, Globo Ecologia, Telecurso 2000, documentários de TVs a cabo e a importância do lançamento da TV Futura em setembro de 1997. Essa nova modalidade, relacionada à questão da produção de programas educativos para vários segmentos discentes (Telecurso 2000, Globo Ciência etc.) e de programas específicos para professores, no sentido da formação continuada (Um Salto para o Futuro, TV Escola, entre outros) parece estar sendo reforçada pela estratégia de Educação à distância, implantada com mais vigor nos últimos anos pelo Governo e pelas TVs educativas.

Exemplificando com o programa Nota Dez, da TV Futura, Ana Lagoa, citando Kunszig, esclarece que para realizar esse jornalismo educativo, faz-se necessário "adaptar nosso trabalho às técnicas de observação e de aprendizado da pedagogia e que, em última instância, são: a pesquisa, a análise de conteúdo, a observação participante e as experiências" (op. cit., p.37).

Tendo esse modo de aproximação como pressuposto, é necessário, para resgatar as boas experiências de ensino e aprendizagem focadas no processo, que esteja junto o pedagogo, para que ocorra a interface difícil, mas necessária. Ou seja, a imprensa precisa aproximar-se da Pedagogia para realizar esse tipo de jornalismo.

Por outro lado, e talvez antecedendo essa configuração mais recente (80/90), apresenta-se uma ideia de "casamento", que dura há muitos anos: o do jornalismo com as revistas de Educação. Seria um casamento com comunhão ou separação de bens? As relações de união ou separação significariam uma produção conjunta, uma característica específica de produção ou a emergência de um outro segmento profissional no campo da formação de professores? Maria Helena Câmara Bastos (1997), investigando, numa perspectiva histórica, a Revista do Ensino do Rio Grande do Sul, aponta mudanças substanciais quando esta passa a ser produzida por jornalistas, em lugar de professores.

A produção de revistas educacionais poderia ser considerada como fazendo parte desse grande "guarda-chuva" do suporte revistas, que se relaciona com a imprensa/jornalismo? Até que ponto o jornalismo vem informando um processo de formação de professores?

Mesmo havendo uma definição sobre o que realmente caracteriza uma revista, nos dicionários de comunicação, esta definição não abrange a produção multifacetada desse produto e as funções diferenciadas que cumpre. Dessa forma, pode-se ter como pressuposto que sua definição poderá ser feita de forma contextualizada e histórica. Uma resposta metodológica encontrada para o tratamento dessa questão pode vir de uma análise contrastiva entre revistas em geral e algumas revistas comerciais de Educação, o que se fará de maneira exploratória neste tópico. Para realizar essa discussão, que é complexa, pretende-se discutir alguns significados apreendidos a partir da natureza da produção e de outros, percebidos a partir do tratamento dado aos temas, aos textos, às pautas, pelas revistas de informação geral e por aquelas dirigidas a professores.

Até que ponto algumas informações sobre a produção editorial de revistas como um todo podem auxiliar nessa reflexão?

Dados recuperados de entrevista à revista Imprensa (abril/98, n. 127, p.46-51) concedida pelo Diretor Geral da Editora Globo, Ricardo Fischer — que discorre sobre um recente projeto de produção de uma revista semanal[2] que concorreria com a *Veja* e a *Isto é* — ajudam a compreender alguns fatores importantes. Ou seja, pode ser buscada uma compreensão sobre a identidade de revistas pedagógicas, buscando um tipo de classificação que parta de informações fornecidas pelo *métier* da produção, pela observação das revistas entre si (de Educação e de informação geral) e das revistas de Educação entre si, contextualizando-as sempre no movimento geral presente na comunicação social.

Talvez esse tipo de análise possibilite tomar como foco as revistas e a imprensa pedagógica, no contexto de edição, como um todo, conforme indica Antonio Nóvoa (1997).

## O subsídio da publicidade

> Imprensa - O que levou a Globo a lançar sua revista semanal?
>
> Fischer - A constatação óbvia de que as semanais pegam a parte mais importante e interessante do mercado de revistas. As duas semanais hoje existentes, *Veja* e *Isto é*, abocanham cerca de 25% do mercado de

> circulação e quase 30% do mercado de publicidade. Todas as outras centenas de mensais ficam com o que sobra. É, sem dúvida o pedaço mais apetitoso do mercado e a gente quer estar nele. (Op. cit., p.48)

Dados sobre o papel da publicidade nas revistas e sobretudo no enfoque dado às semanais, já dão a dimensão de que talvez seja mais na publicidade do que no que é publicado, como informação explícita, que se encontra o filão de lucro das editoras.

Nas três revistas pedagógicas de circulação comercial que venho analisando esse fenômeno não ocorre. Assim, a revista *Amae educando* faz publicidade de seus congressos, de algumas de suas poucas publicações e raramente aparecem propagandas de terceiros, como anúncio de jogos pedagógicos comerciais e "Cursinhos de Português". Quando aparecem, não demonstram nenhum tratamento sofisticado de linguagem ou de apresentação. Destacam-se, no *corpus* analisado, duas propagandas diferenciadas: a de uma rede paranaense denominada *Expoente* que parece produzir multimídia e material didático e a divulgação de um congresso da FIEMG, SESI e outras entidades ligadas à indústria, cujo tema é "empregabilidade". Parece que a publicidade, na revista, alimenta o consumo de produtos internos àquela fundação-editora.

Da mesma forma, a revista *Dois pontos*, do Sistema Pitágoras de Ensino, apresenta, geralmente na última capa ou mesmo em seu interior, a publicidade de seus congressos anuais de formação de professores e, na última capa, sob o slogan "uma imagem vale mais que mil palavras" apresenta a imagem de uma série de livros didáticos produzidos pelo grupo para serem utilizados nas escolas pertencentes ao sistema. Esse dado deve ser examinado com mais profundidade, tendo em vista a especificidade da produção de livros didáticos dirigida ao comprador "escolas particulares". Pode-se constatar que essa produção pode vir a ser um filão em termos de mercado editorial (Munakata, 1997).[3] A necessidade de entrada do Sistema Pitágoras de Ensino nessa arena é bastante significativa, em termos de mercado editorial. Essa publicidade tem, então, um caráter diferenciado. Além dessa questão, destacam-se como diferenciadas duas propagandas de gráfica e editora de terceiros, veiculadas em dois números no ano de 1997.

A revista *Presença pedagógica*, por sua vez, apresenta propagandas dos livros da editora que a publica destinados ao professor em geral, dos seus livros de literatura infantojuvenil, e a divulgação sobre seu primeiro congresso, mas não sobre os livros didáticos que aparecem no catálogo da editora como uma de suas produções. O que isso significa? Talvez possa significar, em comparação com a Revista *Dois pontos*, que são outras as vias de publicidade da Editora Dimensão, ou que a revista tem uma posição mais definida a respeito da divulgação desse tipo de material em seu interior. Por outro lado, destacam-se no ano de 1997 três propagandas: a dos livros, CDs, cassetes e vídeos da Paulinas Editora, a da Coleção de Ciências Sociais da Editora Vozes e uma propaganda do Banco Real sobre seu programa Real Escolas, que oferece produtos e serviços relativos à Educação.

Pode-se constatar que, de forma geral, a publicidade existente nas revistas de Educação analisadas refere-se ao universo interno de produção de cada empresa editora, apesar de algumas diferenças, e que é necessário recuperar informações dos editores para verificar essa situação além do que aparece no produto. Mas, sem dúvida, a publicidade direta ou indireta que aparece é uma forma de agregar tanto capital simbólico, buscando prestígio para o periódico, quanto capital material, mediante a captação de novas assinaturas.

## Estabilidade e atualização

Estas são duas outras categorias que emergem quando se observa o que está apresentado no papel e algumas representações sociais ligadas ao suporte. Em 1996, quando desenvolvia um trabalho com coordenadores da Rede Municipal de Ensino de Betim (ocasião em que fiz minha assinatura da revista *Presença pedagógica* e ganhei todos os exemplares do volume I), ouvi, antes da compra, a seguinte frase do divulgador: "um professor de escola pública me disse: esta revista é como a Bíblia, você pode voltar e consultar várias vezes que ela não perde a atualidade".

Este é um bom exemplo de uma ideia de "estabilidade" / "permanência" presente na representação dos professores sobre determinadas revistas pedagógicas. Ou seja, o que se trabalha nas revistas pedagógicas não é a notícia (na maioria das vezes, estas são consultadas após algum tempo apenas por pesquisadores — alunos e/ou acadêmicos, nas revistas de informação em geral) mas conceitos, práticas e ideias. Sempre contextualizadas em tendências pedagógicas e políticas, mas passíveis de recuperação mesmo após um tempo. Se se compara a forma de armazenamento utilizada para os dois tipos de revistas na biblioteca da Faculdade de Educação da UFMG, descobrir-se-á que, após algum tempo, a biblioteca desfaz-se das revistas de informação geral, mas armazena os periódicos de Educação, de forma permanente. Poder-se-ia dizer que algumas "matérias" ou "artigos" publicados nessas revistas pedagógicas possibilitam uma leitura extensiva ou intensiva, nem sempre descartada pelo fenômeno da "desatualização". Nas faculdades de educação, os usos que são feitos das revistas pedagógicas, como material de leitura e pesquisa, possibilitam essa recuperação e dependem desse armazenamento. Também nas escolas é comum que essas revistas fiquem nos acervos das bibliotecas.

Quem não acharia estranho comprar ou ganhar como assinante um conjunto de revistas de informação do ano anterior? Isso porque as representações construídas pelas práticas de jornalistas fazem crer que o que há de mais importante nas matérias veiculadas é sua atualidade. Normalmente, leem-se revistas antigas em consultórios médicos, quando não se tem por intenção propriamente uma leitura de informação, mas uma forma de ocupar um tempo de espera. Quase sempre essa é uma leitura interrompida e não retomada. Ou melhor: sem intenções de continuidade. Por algumas dessas razões, tais revistas não são armazenadas, nem adquiridas mediante compras após um certo período de publicação. Pagar por "notícia velha" parece um contrassenso.

Se essas formas de apropriação que a sociedade e seus leitores fazem desses diferentes textos também são frutos de construções sociais, por outro lado, esse grau de permanência em Educação indicaria uma ortodoxia? O fato é que as revistas de Educação analisadas materializam, de alguma forma, essa característica. Se se fossem analisar, numa escala, as revistas de Educação do circuito comercial e as mais acadêmicas, poderia ser constatado um grau máximo dessa dimensão de permanência, nestas últimas, mas, como tendência geral, a sua presença em quase todas.

É preciso que também seja considerado o que significa atualização em Educação. Nesse campo, recortado por posições diversas e, ao mesmo tempo, determinado por uma certa ortodoxia, os processos de mudança são lentos e abruptos. Quando se configuram tendências em Educação, é porque já se passou por um processo longo de reflexão, de construção conceitual e de alterações nas práticas escolares. Dizer que um professor tal, da região X, inventou uma "nova metodologia" pode ser uma notícia, para um escritor/jornalista ou mesmo um leitor mais desavisado, mas a apropriação dessa nova experiência, num texto pedagógico, precisa ser refletida em função da complexidade do contexto educacional, sob pena de se tornar um fato isolado e visto de forma fragmentada e a-histórica por outros leitores-professores. Noticiar um acontecimento na política educacional não é o mesmo que refletir sobre suas implicações relativas ao conhecimento da história daquela mudança e de um acompanhamento demorado dos processos de sua apropriação pelas redes, escolas e professores. Pela natureza desse processo, esse tipo de elaboração "não cabe"[4] no formato notícia. Isso reforça mais ainda uma característica da produção no campo educacional: nelas, não se parte necessariamente de fatos, mas de conceitos e ideias, cujo tempo de elaboração/publicação/divulgação não é o tempo de outras revistas. E ainda, certas questões educacionais ficam em pauta durante anos — ver toda a discussão, nas décadas de 80/90 sobre o "construtivismo" e suas aplicações na escola.

De outra forma, é evidente que, na comparação entre um livro de Educação (seu tempo de produção e de circulação) e uma revista pedagógica, aparecem possibilidades para que se acompanhe, nesse segundo tipo de material, uma determinada "ordem do dia" da Educação. Para isso existem as seções "Saber em Movimento", "Agenda" e reportagens, na revista *Presença pedagógica*, as reportagens e seção "Cultura", na revista *Dois pontos*, e as seções "Boletim" e " Observatório" na *Amae educando.*

Por outro lado, pode-se considerar que é a função de "atualização" cumprida pelas revistas pedagógicas, decorrente de sua relação com o processo de formação contínua de professores, que acaba sendo mais forte, e essa não é a "atualidade" (fugaz?) presente em outras revistas de informação dirigidas a leitores em geral. No caso francês, essa ligação histórica da imprensa pedagógica em geral com a formação permanente é afirmada nos estudos de Penélope Caspard e Pierre Caspard (1997). Estudos históricos da imprensa periódica no Brasil (Bastos, 1997) também sugerem essa relação.

## A periodicidade e os gêneros textuais

A imprensa jornalística parece buscar uma periodicidade cada vez mais curta na construção das notícias (chega-se a ter mais de quatro versões de programas de telejornalismo por dia, num mesmo canal de TV) e o jornal diário é a versão mais intensa dessa periodização cada vez mais curta, no campo do impresso.

Se essa peridiocidade cada vez mais curta entre uma edição e outra trabalha com a própria ideia de atualidade em notícias, mantendo os leitores com a representação de que estão cada vez mais bem informados (ponto de vista da recepção), por outro lado, a base material do tempo faz com que o processo de produção seja determinado por essa materialidade. A necessidade de construir uma sociologia do jornalismo, proposta por Robert Darnton (1995) no texto "Jornalismo: toda notícia que couber a gente publica", fica evidente, a partir de exemplos dados pelo autor a respeito dos mecanismos de construção da notícia no periódico *The Times*, à época de sua participação naquela agência de notícias. Além das relações complexas envolvidas no processo de construção dos textos/dos impressos pelos editores, pelos jornalistas e por suas fontes de informação — simbiose ou independência? — pode-se deduzir que o tempo de captação e construção da notícia em prazos curtos faz com que sejam praticados vários jogos, negociações, alianças que ocorrem em contingências ligadas, entre outros, a fatores pessoais, como sorte, presença de espírito, conquista de simpatias do editor e dos colegas de profissão.

Isso se aplicaria à análise de uma sociologia de construção de periódicos educacionais?

Há revistas de Educação com periodicidade anual; as três revistas analisadas são produzidas bimensalmente. Esse fenômeno "material" pode favorecer outras formas de construção do tipo de informação que se quer divulgar. Isso pode ser mais bem problematizado quando relacionado aos gêneros publicados nos periódicos de educação. Nesses suportes específicos, não há necessidade de se apresentarem notícias: esse gênero não constitui uma necessidade e/ou característica básica da produção. Tomar a Educação como objeto de discussão envolve a produção de artigos, ensaios, relatos e, eventualmente, notícias. As fontes podem ser as práticas, outros textos, o próprio autor, entre outros. Dessa forma, o significado do tempo, na produção de revistas pedagógicas, é outro.

Há questões curiosas, se forem comparadas a *Amae educando*, a *Dois pontos* e a *Presença pedagógica*. A marcação da periodicidade da revista *Amae* acompanha os períodos de aulas e férias escolares: a produção — do ponto de vista do que aparece na data publicada — acompanha o período letivo da escola. A seção "calendário", que constitui uma tradição como pauta na revista *Amae*, deixa a confirmação de que a marcação periódica é mais do que uma escolha arbitrária de períodos, evidenciando outros significados. Calendário "cívico" para a escola implica decisões curriculares e faz parte de um ritual consagrado e recriado em função de novos sentidos dados a essas "comemorações" na escola, a cada dia. Talvez esse sentido da "periodização" seja entendido em função do conhecimento da "cultura escolar". Do ponto de vista do gênero predominante nessa mesma revista, aparece basicamente o relato. O mesmo não ocorre nas outras, que comportam outra marcação dos meses nos seus números e outros gêneros.

Do ponto de vista da existência de gêneros textuais, pode-se constatar, na revista *Dois pontos*, além de pequenos artigos com uma linguagem mais acadêmica, no mínimo três reportagens em cada número, e algumas seções de notícias sobre acontecimentos na área educacional, além de uma longa entrevista, que parece ser um dos carros-chefes de cada número. Para isso, basta comparar o número de páginas destinadas a essa seção e às outras. Além disso, constam da ficha técnica vários jornalistas responsáveis, sendo que estes têm produção constante de "matérias" em cada número.

Na revista *Presença pedagógica*, por outro lado, privilegiam-se artigos mais densos em quantidade de páginas e na linguagem usada, elegendo-se também uma entrevista e uma reportagem em cada número.

De forma geral, pode-se dizer que temos um *continuum* em termos da incorporação de gêneros textuais mais presentes no campo jornalístico, de forma menor na *Amae educando*, um pouco mais significativa na *Presença pedagógica* e mais forte na *Dois pontos.*

Periodicidade e gêneros textuais escolhidos parecem constituir, nas revistas pedagógicas, elementos que se entrelaçam na construção de um tipo de material específico, não encontrado em revistas de informação geral e de público não dirigido, como as semanais *Veja* e *Isto é*, se estas fossem tomadas como contraste. Por outro lado, percebem-se características de revistas de informação em geral, nas revistas pedagógicas.

Talvez isso seja entendido pelo fato de serem as revistas pedagógicas inseridas no campo da produção de "material didático", ordenado e enquadrado a partir dos princípios de constituição do discurso pedagógico (Basil Bersntein, 1996) e, ao mesmo tempo, pertencentes ao campo da imprensa pedagógica, de alguma forma regulada pelo campo da comunicação social.

## Imparcialidade e tomada de posição

O dado imparcialidade, geralmente exaltado como qualidade por revistas de informação que, apesar de admitirem que "fazem acontecimentos" — expressão utilizada por Tales Alvarenga, Diretor de Redação de *Veja*, em entrevista concedida à revista *Imprensa* denominada "Além do croque-croque" (*Imprensa*, n.127, abril de 1998, p.47) —, também ressaltam que "reputação, influência, referência e compromisso com a verdade" (op. cit., p.47) são indicativos de qualidade da informação transmitida. Episódios recentes em que a imprensa é notícia na imprensa (conforme reportagem de *Isto é*, n. 1483, de 04 de março de 1998, criticando montagem de fotos feita pela *Veja*[5]) demonstram que, na luta por suas posições de idoneidade no mercado, é forte o argumento da imparcialidade como qualidade.

Nas revistas de Educação, mesmo que apareça implícito o compromisso com a verdade, é esperada uma tomada de posição e, até quando é ressaltado que a revista não se responsabiliza pelas posições dos autores, de forma geral, transparece, numa visão articulada dos vários textos que compõem a *mise en discours* das revistas, posições que se filiam mais claramente a determinadas tendências pedagógicas. Além disso, pode-se dizer que fazer alguma coisa na sala de aula, na escola, na política educacional (assim como em outros campos de ação), supõe, quase de forma intrínseca, a tomada de posições. Demonstrar imparcialidade, então, não é o principal problema da produção de revistas pedagógicas.

## Peso e agilidade

Na entrevista já referida, relatando consulta feita a leitores das revistas semanais de circulação nacional, o Diretor da Editora Globo salienta opiniões de leitores como as seguintes: "são difíceis de ler", "matérias longas demais", "uma linguagem complicada", "preciso ler quatro páginas para saber quem matou Odete Roitman[6] e não quero perder quatro páginas para descobrir isso". Ante esses argumentos, o diretor anuncia o lançamento de uma revista semanal da Globo que trabalhará a informação, "resgatando o prazer de leitura".

Essa parece ser a tentativa das revistas de informação, com mudanças na textualização (estilos de escrita) e na composição (introdução de boxes, legendas, quadros, gráficos e imagens ao texto), cada vez mais frequentes. Entretanto, ainda é por essa diferença que a revista da Globo tentará destacar-se, utilizando-se de montagens mais ousadas e grande preocupação com o *design*, com imagens e textos integrados. Nota-se, nas possíveis capas virtuais apresentadas como modelos à revista *Imprensa*, pela Editora Globo, uma notável conjugação de virtualidade, com mudanças de perspectivas, de focos, de linhas, enquadramentos e uso de cores e brilho, que reduzem o lugar do texto convencional na página e inserem-se como recursos composicionais também nos títulos. Afinal, é preciso que se localize mais rapidamente "quem matou Odete Roitman". Dessa forma, tanto a intensa utilização de recursos gráficos quanto a escolha das pautas e temas indicam um grau máximo de utilização de novos recursos que tornem a revista mais "leve". Ou não seria mais adequado dizer, mais apropriada às novas retóricas surgidas no campo da informação?

As revistas de Educação, mesmo buscando equilíbrio entre fatores composicionais e textuais, apresentam uma outra visão de leitura e de leitores. Pode-se dizer que há uma preocupação com a forma, mas os pontos de vista sobre esta são diferenciados. Apresenta-se, na revista *Presença pedagógica*, um investimento acentuado em ilustrações semelhantes às dos livros de literatura infantojuvenil, feitas por artistas mineiros já consagrados, a *Amae educando* utiliza-se de recursos como fotografia de alunos, reprodução de exercícios e ilustrações e, na *Dois pontos*, apresenta-se um projeto que conjuga fotos com ilustrações não muito específicas do universo escolar. Mas permanece uma certa densidade textual que não possibilita uma localização e uma leitura tão "rápidas", como as pretendidas nas revistas de informação. Como contraste, pode-se dizer que uma das exceções, no caso das principais revistas periódicas de circulação nacional do circuito comercial, talvez seja a revista *Nova escola* que, de forma geral, é mais parecida com as revistas de informação geral (do ponto de vista gráfico e de gênero) do que com suas similares. Talvez isso seja explicado por Ana Lagoa quando diz ser essa revista produzida por jornalistas.

## Quem escreve?

*Tabela de autores por instituição de trabalho e/ou função ocupada*

| **Função e instituição de origem** | **Amae Educando** 8 números / 97 | **Dois Pontos** 5 números /97 | **Presença Pedagógica** 6 números /97 |
|---|---|---|---|
| Professores de ensino superior em instituições federais | 04 | 20 | 45 |
| Professores de ensino superior em outras instituições nacionais | 08 | 22 | 10 |
| Pesquisadores ou personalidades internacionais | 00 | 04* | 02 |
| Professores do 1º e 2º ciclos do ensino fundamental | 23 | 10 | 01 |
| Coordenadores pedagógicos ou de área | 17 | 06 | 02 |
| Professores do ensino médio | 01 | 02 | 02 |
| Professores de educação infantil | 04 | 00 | 00 |
| Jornalistas | 03 | 30 | 10 |
| Profissionais de outras áreas | 17 | 44 | 03 |
| Representantes de órgãos oficiais | 06 | 01 | 01 |
| Outros | 08 | 01 | 01 |
| Membros do conselho editorial | 11 | 00 | 01 |

* Nesse caso, em especial, há um artigo de autor estrangeiro já publicado em outro suporte e traduzido e o de uma autora brasileira atuando em instituição de ensino alemã.

Não foi possível organizar uma tabela com dados muito precisos, porque há algumas variáveis, como a presença de "colaboradores relativamente fixos" em uma das revistas; a existência de alguns artigos produzidos por mais de um autor; a não identificação de autores em certas reportagens; a ausência de critérios comuns, entre as revistas, para caracterizar os autores — algumas indicações sobre autores não permitem identificar o nível de atuação, por exemplo. Por outro lado, alguns resultados numéricos são mais bem entendidos quando relacionados ao tipo de seções e pautas de cada uma das revistas. Exemplificando essa última variável: há um maior número de reportagens na revista *Dois pontos* (ver número maior de jornalistas) e na revista *Amae educando* há uma seção específica sobre LDB (isso pode interferir na interpretação do dado *representantes de órgãos oficiais*). O tamanho das seções, reportagens e artigos também pode estar interferindo nesse levantamento: há, em média, de 12 a 14 tópicos em cada número da *Presença pedagógica*, de 9 a 13 na *Amae educando* e de 26 a 28 na *Dois pontos*. Entretanto, mesmo existindo a interferência dessas variáveis, é possível captar tendências gerais relevantes.

Examinando o quadro de autores que escrevem para as três revistas pedagógicas mineiras, percebem-se singularidades: é grande o número de professores e coordenadores de primeiro grau, com formação superior, na *Amae educando*, de professores universitários com formação em pós-graduação *stricto sensu*, atuando em Universidades Federais do País, para a *Presença pedagógica* e a predominância de autores variados na *Dois pontos* (professores acadêmicos, escritores de literatura, profissionais de áreas afins como filósofos, psicanalistas,escritores, religiosos etc.)

Um fato é incontestável e presente em graus diferenciados, mas constante em todos esses três suportes: são professores os que escrevem para professores. Isso significa que a mediação do jornalismo não ocorre como fator determinante do processo de produção. Entretanto, quando se considera o nível de atuação, percebe-se que não são professores de primeiro grau os que escrevem para a revista *Presença pedagógica*, nem é tão frequente a presença de professores universitários na *Amae educando*. A consideração do papel que cumprem os jornalistas na autoria deixa claro que é na revista *Dois pontos* que estes encontram melhor acolhida. Talvez isso ocorra pela linha de reportagens que predomina nesta última, ou pela natureza do ordenamento que esses profissionais possam realizar na constituição da revista como um todo. Isso poderá ser mais bem explicitado nas entrevistas com os editores.

Qual seria, então, a conexão entre o jornalismo e periódicos de educação?

## Afinal, o que há em comum nesses suportes?

Distribuição? Nem sempre. Algo da forma: brochura? Alguns fatores composicionais em comum — capas, colunas, fichas técnicas, sumários, recursos de ilustração, editorial? A "intersecção" se faz pelo fato de a revista ser um texto que não supõe uma leitura linear e contínua — por permitir uma aproximação através de múltiplas vias?

Segundo princípios relativos a uma teoria tipográfica, François Richaudeau (1977) aponta para a seguinte ideia: "a finalidade de uma *coisa impressa*: livro, jornal, cartaz, revista, anuário, prospecto é sua leitura, os princípios e as regras de sua tipografia devem ser abordados para servir a certa leitura" (p.45).[7] Considerando que as escolhas tipográficas são indicativas de um certo projeto de leitura, os projetos de *designers* gráficos poderão indicar pistas para melhor entender a construção de sentidos e atos físicos da leitura. Ainda segundo esse autor, "essa tipografia deve adaptar a forma visual da mensagem às necessidades do leitor e à natureza da mensagem".[8] Evidenciando que não existe uma leitura, mas vários modos de leitura, em função das preocupações do leitor e da natureza das mensagens impressas, indica pistas para análise do tipo de material, como o da revista, por exemplo.

Assim, uma ideia geral sobre o tipo de leitor e de leitura pode levar à construção de um projeto gráfico cuja estrutura seja montada para estabelecer um tipo de pacto com o leitor. A observação das seções da revista; da *mise en page*, como a colocação de legendas, janelas e títulos, tipos e tamanhos de caracteres e sua distribuição na página, das manchas e espaços "em branco", entre outros; pode evidenciar formas de direcionamento da leitura e tais questões indicam pontos comuns entre os suportes.

Dessa forma, o processo de composição gráfica, com seus projetos e fatores de legibilidade, o papel das ilustrações e o texto, propriamente dito, fazem parte de qualquer revista. No caso das revistas pedagógicas, as dimensões citadas anteriormente devem ser analisadas como componentes do discurso, entretanto, percebe-se claramente que há diferenciações entre as revistas pedagógicas e os textos periódicos informativos ou de entretenimento.

Basil Bernstein (1996) discute as regras de composição do discurso pedagógico, evidenciando que o que se encontra ausente neste discurso é a sua própria voz, pois ele utiliza-se de mecanismos de recontextualização, demonstrados no *discurso instrucional,* com forte classificação em categorias e conteúdos, e no *discurso regulativo*, com enquadramento no tempo e no espaço. O discurso pedagógico, então, utiliza-se de mecanismos de apropriação, relocação, refocalização, lançando mão de outros discursos para constituir sua própria ordem e seus próprios ordenamentos. Dessa forma, indícios dessas formas de enquadramento podem estar presentes no material a ser analisado, visto tratar-se de material didático. Relacionar esse discurso pedagógico ao discurso mediático implica em trabalhar num jogo interdiscursivo.

Um fato inegável refere-se a um processamento de transposição presente na Educação como um todo e na produção de material didático, que faz com que não apenas se informe, mas também se ordene e se enquadre o que se escreve e o que se lê num campo de aplicações "didático". Esse processo, próprio do campo da Educação, estará presente em maior ou menor grau, no material destinado a professores.

## As relações entre imprensa periódica e a imprensa em geral: uma questão complexa

A relação entre o jornalismo e a Educação, do ponto de vista de produção de revistas pedagógicas, é muito menos estreita do que possa parecer à primeira vista. Seria um caso de casamento com separação de intenções comuns? Separação menos por intenções deliberadas de sujeitos isolados, mas talvez mais pela interferência dos modos de fabricação da informação e das representações sociais já consolidadas nos dois *métiers* e nos "dois" produtos. Se há necessidade de aproximação, é preciso que essa seja feita a partir de outros pressupostos: sem o "hermetismo" da Educação e com a certeza de que, para produzir para educadores, é preciso considerar os modos de reflexão pedagógica presentes no universo educacional. Isso vale para a produção de impressos e de outros meios.

De qualquer forma, vale considerar que a "imprensa pedagógica" constitui um universo próprio, com leis de produção condicionadas a diversos elementos presentes no campo educacional.

## Notas

[1] Este artigo apresenta dados de um capítulo da tese intitulada "A produção de textos pedagógicos para professores a partir da abordagem de três revistas mineiras", em desenvolvimento no doutorado do Programa de Pós-graduação da Faculdade de Educaçao da UFMG, sob a orientação da professora Magda Soares.

[2] Esta revista foi produzida e divulgada para o público em final de maio de 1998, com o nome *Época,* e traz acima de seu nome a seguinte expressão: "a moderna revista semanal de informação".

[3] A especificidade apresentada pelo autor, ao analisar os depoimentos de editores que apresentaram posições e dados, refere-se ao fato de ser esse um material de venda inquestionável (não há problemas financeiros que impeçam a sua compra e ele pode ser vendido em livrarias por um preço maior que o pago pelo Estado), podendo circular e ser consumido sem certas regulações estatais (na escola particular, o livro pode ser consumível) e sendo destinado a profissionais de Educação que são selecionados mais rigidamente pelo mercado (supõe-se que esses tenham formação mais adequada para trabalhar com o material).

[4] Não cabe no sentido dado por Darnton (1995), quando aborda a construção da notícia por jornais: do ponto de vista dos ordenamentos espaciais e do enquadramento cultural, sobretudo.

[5] Este fato gerou polêmica devido ao "apagamento", na fotografia publicada pela *Veja*, de um personagem integrante do grupo na foto original. O fato foi denunciado a partir da "prova" deixada na própria foto: retirou-se parte do corpo do personagem mas, por um lapso, foram deixados seus pés, que aparecem nitidamente na imagem "recomposta".

[6] Esta é uma referência a um personagem de uma novela, da rede Globo de TV, denominada *Vale Tudo*, que é usada como metáfora na linguagem coloquial.

[7] Tradução de responsabilidade da autora.

[8] Tradução de responsabilidade da autora.

## Referências


AMAE EDUCANDO. Belo Horizonte: Fundação Amae para Educação e Cultura. n.1, 1967 (Coleção de revistas do ano de 1997).

BARBOSA, Carlos e RABAÇA, Carlos Alberto. *Dicionário de Comunicação.* São Paulo: Ática, 1987.

BASTOS, Maria Helena Câmara. As revistas pedagógicas e a atualização do professor: a revista de ensino do Rio Grande do Sul (1951-1992). In: CATANI, D. & BASTOS, M.H.C.(org.). *Educação em revista: a imprensa periódica e a história da educação.* São Paulo: Escrituras, 1997. p.47-75, p.11-31.

BERNSTEIN, Basil. *A estruturação do discurso pedagógico. Classes, códigos e controle.* Petrópolis: Vozes, 1996.

CASPARD, Pierre & CASPARD, Penélope. Imprensa Pedagógica e Formação contínua dos professores primários (1815-1939). In: CATANI, D. e BASTOS, M. H. C. (org.). *Educação em revista*: a imprensa periódica e a história da educação. São Paulo: Escrituras, 1997. p.33-45.

DARNTON, Robert. *O beijo de Lamourette. Mídia, cultura e revolução.* São Paulo: Companhia das Letras, 1995.

DOIS PONTOS. *Teoria e prática em educação.* Belo Horizonte: Revista do Grupo Pitágoras. v.4 (Coleção do ano de 1997).

IMPRENSA. *O Desafio das semanais.* Abril de 1998. p.46-51.

ISTO É. nº 1483, 4 de março de 1998.

LAGOA, Ana. *Jornalismo educativo: cenas de um casamento.* Presença Pedagógica. vol.4, n.19, jan./fev., 1998. p.30-37.

NÓVOA, Antonio. A imprensa de Educação e Ensino. In: *Educação em revista: a imprensa periódica e a história da educação.* São Paulo: Escrituras, 1997.

MUNAKATA, Kazumi. *Produzindo livros didáticos e paradidáticos.* São Paulo: Puc, 1997 (Tese Doutorado).

PRESENÇA PEDAGÓGICA. Belo Horizonte: Dimensão (Coleção do ano de 1997).

PRESENÇA PEDAGÓGICA. *Gilberto Dimenstein: o aprendiz do futuro é o aprendiz permanente.* vol. 4, n.19, jan./fev.1998. p. 5-12 (Entrevista).

RICHAUDEAU, François. Pour une théorie unitaire typographique. *revista Communication et langages.* n.36 - 4º trimestre 1977. Paris: Centre D'Étude et de Promotion de la Lecture.

# ALFABETIZAÇÃO E HISTÓRIA: TENDÊNCIAS E PERSPECTIVAS

Justino Magalhães

## Sobre os conceitos de alfabetização e de literacia[1]

Nos últimos anos, as comunidades científicas e as comunidades acadêmicas têm sido surpreendidas por diagnósticos realistas e preocupantes sobre taxas alarmantes de iliteracia. No início da década de 80, o alerta era lançado nos EUA, nos seguintes termos: cerca de 35% da população americana *can read only at the fifthgrade level.* Mais recentemente, quer a sociedade francesa, quer a inglesa foram surpreendidas com elevadas taxas de população adulta incapacitada de utilização das práticas de leitura e da escrita na resolução de questões do quotidiano. Inquéritos semelhantes para a sociedade portuguesa revelaram que cerca da metade da atual população jovem/adulta, em Portugal, não é capaz de resolver pequenas situações problemáticas de base escrita, cuja solução se traduz apenas na localização em mensagens escritas (sem distratores) de informação idêntica ou sinônima a constante das instruções — nesse grupo se incluem os 10% da população portuguesa jovem/adulta (53%) que se revela capaz de resolver situações que requerem processamento de informação (Benavente *et all.* 1995).

Também uma perspectiva sumária da situação brasileira revela que, muito embora estando escolarizada cerca de 83% da sua população de 7 a 14 anos de idade, há situações graves de analfabetismo funcional (Lacerda, 1995).

São questões de iletrismo, de neoanalfabetismo e questões de natureza mais complexa que se prendem a competências linguísticas do quotidiano para as quais não se faz sentir uma transferência efetiva dos saberes escolares.

Todavia o que significam estas taxas? Que incapacidades estarão de fato comprometidas? Que se pretende avaliar com esses inquéritos? Essas e outras questões têm razão dc scr, uma vez que é hoje assumido com grande clareza nos domínios da antropologia pedagógica e da sociologia do conhecimento que, designadamente no domínio da literacia, as competências escolares não se confundem com as competências funcionais (Kastle, 1991). Esta distinção fica a dever-se à diferenciação de resultados em termos de efetiva transferência de conhecimentos e capacidades e fundamenta-se, entre outras razões, num debate renovado em torno do conceito de aprendizagem, cada vez mais entendido como um fenômeno existencial, profundamente dependente dos antecedentes pessoais, da experiência e das expectativas (Jarvis, 1996).

A UNESCO e outros organismos internacionais têm voltado ciclicamente à questão do analfabetismo e da alfabetização, que está cada vez mais associada a uma verdadeira educação. Não basta o letrismo, ou melhor, haverá letrismo fora de um quadro de cultura escrita, de um quadro de autonomia e comunicação, de um quadro de interação e de realização da pessoa humana, fora de uma partilha de humanidade? Essas foram algumas das interrogações lançadas na Conferência Mundial sobre Educação para Todos, realizada em Jomtien, Tailândia, entre 5 e 9 de março de 1990, que foi proclamado o Ano Internacional da Alfabetização; como 1996 foi proclamado o Ano Internacional da Educação Permanente.

Nos anos sequentes à II Guerra Mundial, a UNESCO e os organismos nacionais centram parte das suas atenções na educação de adultos — educação recorrente; formação profissional e ideológica; participação cívica.

Nas décadas recentes, porém, o conceito de alfabetização funcional tem traduzido fundamentalmente a possibilidade de fazer recurso de competência no domínio cultural da cultura escrita que permita compreender, representar e resolver questões do quotidiano, definidas em termos de desempenho ocupacional, cívico, comunitário e de funcionamento pessoal, independente de tais capacitações terem sido ou não obtidas através de uma aprendizagem escolar — alfabetização funcional. Fundamentalmente, tais capacitações são as seguintes: ler, escrever, contar e processar informação. Mas quais os níveis básicos de tal aprendizagem? Ler, em conformidade com a experiência escolar, reporta-se a textos estruturados de forma continuada e com um léxico criteriosamente selecionado, o que pode não corresponder a outras situações.

Escrever, se não reportar à mera cópia, implica uma capacidade de abstração; contar, por seu turno, anda associado à capacidade de execução de pequenas operações de somar e de subtrair. Processar informação implica capacidade de seleção, contextualização e elaboração. Podem, desse modo, existir níveis de alfabetização dentro de uma determinada comunidade. Como medir tais capacitações?

Tem-se concluído que a correlação entre a capacidade de leitura, medida através de tarefas baseadas na escola, e a literacia dos adultos (Venezky, 1990) é bastante reduzida. Com efeito, tal medição tende a ignorar tanto outras competências que contribuem para a capacidade de leitura quanto as compensações de capacitação que reequilibram eventuais deficiências no que se refere a determinada competência. Aliás, os padrões escolares tendem a ajustar-se às crianças e não aos adultos, esses muito mais dependentes das suas próprias experiências.

Usualmente também se procura distinguir uma alfabetização básica, que consiste no domínio de capacitações que permitam um desenvolvimento autossustentado, da cultura escrita dirigida/requerida, que é a que se refere a determinado contexto. A alfabetização não se traduz no domínio de um conjunto de capacidades, com maior ou menor proficiência, mas no seu efetivo uso, o que envolve outras questões de natureza cultural e social e remete para o conceito de literacia cultural (Hirsh, 1987). Se, numa primeira fase da história da alfabetização, os povos se socorrem de holofrases para se comunicarem, as necessidades e os contextos modificaram-se, gerando uma complexificação da alfabetização. São tradicionalmente necessidades ligadas ao registro genealógico, à administração, ao comércio e à comunicação. O processo de complexificação tem vindo a tornar cada vez mais inoperante uma alfabetização limitada, cujas competências funcionais representam como que uma domesticação da mente, por contraponto à qual se tem desenvolvido o conceito de alfabetização crítica (*critical literacy*): *the teaching of a "critical literacy" can enable teachers and students to formulate strategies for change the form content, and social relations of education with an interest in freedom and democracy* (Kretovics, 1985).

Contextos, funções/objetivos e processos constituem a principal chave das questões da alfabetização. Na atualidade, estudos desenvolvidos para as cidades do sudeste americano revelaram que a alfabetização cumpre objetivos: 1) instrumentais-informais de situações práticas; 2) sociointeracionais; 3) relatos de notícias e acontecimentos; 4) suportes da memória; 5) substituto de mensagens orais; 6) garantia de registro permanente; 7) confirmação, certificação (Heath, 1983).

Para Magda Soares, "alfabetizar é proporcionar condições para que o indivíduo — criança ou adulto — tenha acesso ao mundo da escrita, tornando-se capaz, não só de ler e escrever, enquanto habilidade de decodificação do sistema de escrita, mas, sobretudo, de fazer uso oral e adequado da escrita em todas as funções que ela tem em nossa sociedade, e também como instrumento de luta pela cidadania plena" (apud Lacerda, 1995. p.11).

A medição da alfabetização opera-se pela via indireta, através da observação e mediação de realizações no quotidiano. Não são, por consequência, suficientes os testes de base escolar. Também na História da Alfabetização tem-se feito uso de três escalas: a) escala de assinaturas (autografia); b) escala de leitura e de escrita (letramento); c) escala de alfabetização (literacia/comunicação) (cf. Magalhães 1994).

Nos planos histórico e antropológico, esta diferenciação e complexificação tem sugerido três conceitos de alfabetização, em conformidade com uma maior focalização nos contextos, nas funções ou nos processos. a) Assim, a aceitação de um alfabetizado habilitado com as capacitações básicas de leitura, escrita e contagem — rudimentos universais da escolarização — sugere a existência de um alfabetizado universal. Dele se espera que seja capaz de eventuais transferências de saberes e capacitações para novos contextos e situações, estando assim assegurada uma maior possibilidade de leitura/interpretação, adaptação e integração a novas situações. Essa expectativa tem crescido em associação com a universalização da escolarização básica, cujos processos são relativamente universais (Swaan, 1991). Também as reflexões sobre a pedagogia da leitura e da escrita têm favorecido uma ideia de universalidade dos métodos e formas de ler, residindo a especificidade nos códigos linguísticos, por consequência na escrita; haveria, assim, uma transversalidade de leitores. b) Por contraponto a essa definição, tem-se vindo a desenvolver uma outra visão mais focalizada nos contextos e na sociogênese das capacitações alfabéticas básicas, geradas por vezes fora e mesmo contra as ortodoxias do poder e da escolarização básica, cuja multidimensionalidade exige uma aprendizagem e uma prática relativamente específicas. Nesse sentido, e porque não há alfabetização em abstrato, estão bastante comprometidas as eventuais transferências e capacitações para novas situações. No plano histórico, a própria interação entre a oralidade e a escrita não se processa sempre da mesma maneira. Graff (1989) tem chamado atenção para o que designa de mito da alfabetização, um modo de compreender a escrita e seu aprendizado como um conjunto de processos fixos e sempre iguais, que seriam a solução para todos os males. O ponto de vista de Graff tem sido genericamente aceito pelos historiadores da alfabetização. c) Uma terceira acepção focaliza essencialmente as dimensões socioculturais e os processos de alfabetização. Nesse sentido se inclinam os partidários da alfabetização crítica e se insere a pedagogia de

Paulo Freire e dos seus seguidores. É a acepção que mais reforça as polivalências pedagógicas da alfabetização, fazendo depender da forma como o processo é estruturado, quer as suas valências em termos de transferência de capacidades e destrezas alfabéticas, quer as suas implicações antropológicas. A leitura da palavra e a leitura do mundo cruzam-se num mesmo processo intelectual do alfabetizado ou, melhor, a leitura da palavra é uma atualização da leitura do mundo.

O processo de alfabetização traduz-se num reequilíbrio entre o homem e o seu mundo, entre o homem e a realidade, uma vez que a palavra visa traduzir verbalmente, representar simbolicamente e comunicar uma leitura/uma interpretação da realidade. A palavra é ação. Por consequência, o processo de alfabetização é crítico, operante e libertador.

No plano histórico essas três acepções cruzam-se, uma vez que o conceito de alfabetizado é também uma construção historiográfica. É essa tomada de consciência que, associada a inovações de caráter metodológico, designadamente uma abertura à interdisciplinaridade e à complexidade, uma maior instrumentalização técnica das representações mentais e dos processos de realização alfabética, tem feito evoluir a história da alfabetização.

Na história da historiografia da alfabetização distinguem-se três fases principais. A primeira ficou ligada ao movimento da história positivista de finais do século XIX e transição para o século XX. A escolarização afirmava-se de maneira irreversível e os países desenvolvidos acabariam por escolarizar toda a sua população jovem. A alfabetização, claramente confundida com a escolarização, constituía um fator fundamental para o desenvolvimento histórico, uma vez que a história, nessa primeira fase, visa essencialmente conhecer as dimensões de iletrismo e procurar uma explicação para o fato. Mais importante que conhecer e explicar os processos e só os avanços da alfabetização, os estudos desse período procuram medir o fenômeno de iletrismo, através da contagem de não escolarizados e de indivíduos que não obtiveram uma qualificação escolar.

Muito embora sem um rigor metodológico muito apurado, condição que passaria por uma padronização dos instrumentos de medição, esses estudos contabilísticos e estatísticos sobre analfabetismo permitiram uma cartografia do fenômeno e ajudaram a diferenciar com maior clareza duas Europas, a de norte e leste, alfabetizada e a de sul e oeste com situações preocupantes de iletrismo. Portugal, que, por meados do século XIX, enquadrava-se nos países do Sul europeu com mais de 75% de analfabetos, prolongava em finais do século uma situação idêntica, enquanto a Espanha havia baixado para cerca de 50% de analfabetos. Essa havia sido a situação do Norte da Europa, designadamente Inglaterra, Alemanha e Norte da França em meados do século XIX. Também os EUA toda a população "branca" de ambos os sexos estava alfabetizada em finais do século XIX. Portugal acabaria por abaixar a sua taxa de analfabetismo para os 50% da população apenas pelos anos 50 do século XX. A história da historiografia da alfabetização, tal como acontece com a história da pedagogia, está intrinsecamente ligada ao produto que ela própria constrói, ou seja a verdadeira significância da alfabetização é em boa parte a sua própria história, já o conceito de alfabetização é antes de mais uma categoria histórica.

Essa forma de fazer história da alfabetização, ou, melhor, de analfabetismo, não se prolonga para cá de meados do século XX. Com o incremento da educação de adultos, designadamente da alfabetização, após a II Guerra Mundial, procurando responder às solicitações ideológicas, sociológicas e profissionais, e sobretudo a partir da década de 60, a historiografia centra-se nos processos de alfabetização, seus agentes, modos de atuação, resistências e apoios (Viñao Frago, 1993. p.70). Essa viragem na historiografia envolve um alargamento do campo de análise a fatores ideológicos, culturais, aos contextos, necessidades, fins e móbeis, aos meios técnicos. A (re)conceitualização do conceito de alfabetização envolve uma análise dos processos de alfabetização, sua relação com os códigos linguísticos, sua relação com a realidade; a discussão das relação entre o oral e o escrito; e definição dos processos de alfabetização como fator de comunicação. De igual modo são revistas as relações entre escolarização e alfabetização e, na sequência dessa reflexão, é retomada a problemática da transversalidade sociocultural das capacitações da linguagem.

Essa renovação da historiografia revelou a complexidade histórico-antropológica dos processos de alfabetização e permitiu uma aproximação das suas múltiplas implicações no desenvolvimento histórico, por superação da linearidade e das marcas de dependência em face de fatores de natureza política, ideológica, econômica, sociológica ou cultural que marcaram as investigações tradicionais. Os estudos assim desenvolvidos permitem conhecer quem, como, por que e para que se iniciou a cultura escrita, como permitem também compreender e explicar quem e por que se não alfabetizou. São abordagens interdisciplinares, onde cruzam o historiador, o linguista, o antropólogo, o psicolinguista, o pedagogo. Os processos de alfabetização são multidimensionais, pelo que é necessário definir uma gradação e níveis de alfabetização. Uma renovação historiográfica levada a cabo por investigadores que Harvey Graff designa de segunda geração se traduz numa multiplicação de estudos para todo o mundo desenvolvido, estudos circunstanciais e conjunturais e estudos mais genéricos. Deve-se a essa historiografia a procura e discussão de padrões de medição e de comparação, a busca de problemáticas e análises multifatoriais, a inserção da alfabetização em transformações históricas "totais" (Graff, 1995). Deve-se a Harvey Graff o primeiro ensaio de uma história geral da alfabetização ocidental — (1987) *The legacies of literacy, continuites and contradictons in western culture and society.*

Essa abertura à interdisciplinaridade e à complexidade permitiu uma maior tomada de consciência da centralidade dos processos de comunicação, designadamente da cultura escrita como meio e suporte do pensamento e fator de comunabilidade e, por consequência, permitiu também maior consciência das implicações antropológicas da comunicação sobre a mente humana, marca fundamental da mais recente historiografia sobre alfabetização, que, no entanto, recupera toda a riqueza da segunda geração. Essas questões, em torno da relação entre linguagem e pensamento, sugerem não uma, mas diferentes alfabetizações (Viñao Frago, 1992. p.1993), em consonância com as linguagens com o contexto e com conceito de identidade — sua personalidade, sentido de realização pela via da integração e/ou da resistência sociocomunitária, sua cultura pessoal (Street, in Maybin, 1994. p.140).

## História e historiografia da alfabetização em Portugal — perspectivas de investigação

Uma das razões que têm levado a que se retomem com frequência as investigações sobre história da alfabetização em Portugal é a renovada expectativa de compreender e explicar os atrasos e os arrastamentos pela contemporaneidade de elevadas taxas de analfabetismo — a longa duração das marcas de analfabetismo. Com efeito, já se disse que só em meados desse século as taxas de analfabetismo desceram ao limiar de 50% da população adulta e na atualidade cerca de 15% da população é considerada analfabeta. A inquietação dos historiadores e de outros investigadores em encontrarem uma explicação para esse fato resulta ainda da constatação, nem sempre confirmada, mas muito frequente, de que a uma situação de analfabetismo tende a corresponder um subdesenvolvimento histórico.

Noutro estudo mostramos como a explicação dessa situação contrastante com a dos outros países europeus, designadamente os do sul mediterrâneo, que reduzem significativamente as taxas de analfabetismo ainda no decurso da segunda metade do século XIX e até a Primeira Guerra Mundial, carecia de uma análise multifatorial e deveria ser explicada sob uma lógica da complexidade. De igual modo demonstramos que é fundamental relativizar a correspondência das taxas de analfabetismo e das taxas de não escolarização, tornando-se, assim, também, necessário reconsiderar a correspondência entre taxas de escolarização e taxas de alfabetização. Uma terceira relativização traduz-se na necessidade de distinguir relutância e resistência à escola de relutância à leitura e à escrita. São duas questões distintas que, se para alguns setores sociais se sobrepõem em alguns momentos do século XIX e ainda do século XX, exigem todavia análises diferenciadas.

Explicações focalizadas na ausência de estímulos resultantes de movimentos de industrialização e urbanismo acelerados, ou na ausência de uma política estatal determinada em erradicar o analfabetismo voltam-se demasiado para o fenômeno escolar. A relevância do processo escolar, no entanto, não deixa de ser legítima e verdadeira, quer porque de fato a escolarização foi sempre muito deficiente, quer porque, seja na Europa de Norte, seja nos Estados Unidos da América, foi através do modelo e da instituição escolar, não necessariamente estatal, que se implementaram processos massivos de alfabetização. Convirá, porém, perguntarmos a cada momento que outras tradições, agentes e processos de alfabetização existiram nas sociedades do Antigo Regime e como se relacionaram com os processos de escolarização. Convirá, ainda, não deixar de questionar o que foi e o que é a escola, sua cultura dominante, seus objetivos, suas práticas, e avaliar que relação se tem estabelecido entre a cultura escolar e as culturas locais e regionais.

À entrada para a contemporaneidade, a sociedade portuguesa revelava uma grande diversidade de comportamentos em face da cultura escrita: no plano geográfico, contrastando as regiões a Norte e Sul do Tejo e ainda as regiões do litoral e do interior; no que se refere ao contraste rural/urbano; seja no que se refere à diferença de gênero; no que se refere a distinções de natureza socioprofissional. Essas combinatórias não funcionam numa lógica de bipolarização mas se mesclam por aproximações e níveis de capacitação alfabética.

Se se intenta uma multifatorialidade dos processos de alfabetização para finais do século XIX, em Portugal, não podem deixar de equacionar-se os seguintes aspectos: fatores de natureza demográfica — os núcleos mais populacionais tendem a apresentar percentagens de alfabetização significativamente mais elevadas; fator urbanismo — viver num espaço urbano ou desempenhar funções mais próximas das vivências urbanas favorece as oportunidades de alfabetização, para um e outro sexo; fator complexidade/complementaridade econômico-social; fator riqueza — ser proprietário de bens fundiários ou de bens móveis, ser empregador ou ter responsabilidades sobre os destinos de outrem é um móbil de alfabetização; fatores de natureza fonética e lexical. É necessário contextualizar e enquadrar estratégias e conjunturas favoráveis à alfabetização, como são as vagas de emigração para o Brasil. É de igual modo necessário admitir níveis de alfabetização. Os últimos censos do século XIX admitem a existência de alfabetizados e de semialfabetizados, sendo essa última categoria atribuída aos apenas leitores. Não menos necessário se torna distinguir marcas de escolarização e marcas de alfabetização, seja no plano autográfico, seja no plano das memórias e das representações, seja no plano da transmissão e da apropriação da cultura escrita.

Uma breve referência à sociedade portuguesa do Antigo Regime, com base em estudos de caso, permite ensaiar uma periodização do processo de alfabetização dos Portugueses entre o século XVI e a primeira metade do século XIX. Essa periodização não deixa de implicar referências a movimentos de maior intensificação da vernaculização do código linguístico. Assim, a uma expansão da procura de aprendizagem e reforço da leitura e da escrita que marcara o século XVI, fruto do Renascimento e do Humanismo e como sequência de uma economia-mundo e do início da colonização europeia em África, no Oriente e na América, com uma multiplicação do total de Mestres de Primeiras Letras e de Cartilhas, sucede um período de quebra e estagnação, acompanhando uma crise generalizada nos aspectos econômico, político e cultural, que se arrasta até depois de meados do século XVII. Através de leis rigorosas, os monarcas procuraram obstar à emigração e à fuga de braços da agricultura, restringindo o ensino de latim nas pequenas vilas. Terá essa quebra reflexos imediatos na utilização e aprendizagem do vernáculo? A situação e o sentido da evolução tornaram-se de novo positivos a partir do último quartel do século XVII, acompanhando um período de acentuado crescimento populacional, uma vaga de reorganização nacional no plano administrativo e um reforço da Língua Portuguesa, dando sequência ao movimento da Restauração. Esse movimento expansivo entronca diretamente na política joanina da Luzes. O período de expansão interrompe-se com as gerações nascidas na primeira década do século XVIII e, por volta de 1730, a tendência evolutiva é já de uma descida acentuada no número de alfabetizados, acompanhando uma interrupção nas taxas de crescimento da população. É ainda com as gerações nascidas entre as décadas de 1730 e 1740 (gerações adultas ao tempo de Pombal) que o número de alfabetizados cresce rapidamente, atingindo um pico elevado por volta de 1760. O período final do século XVIII é de novo marcado por uma grande procura da alfabetização, a que não correspondem índices elevados no que se refere à prática da leitura e da escrita. Essas gerações, nascidas entre 1750 e 1760, sofreram os efeitos de uma certa desagregação das estruturas alfabetizadas tradicionais na sequência da política reformadora pombalina, tardando a restabelecer-se o movimento de recuperação. Já a partir das últimas décadas do século XVIII e primeiras décadas do século XIX, volta a crescer a taxa de alfabetização. A revolução de 1820 culmina um período de crescente procura de alfabetização, embora as primeiras décadas do Liberalismo venham a ficar marcadas pelo estigma de uma crise no desenvolvimento do sistema público de instrução e alguma refração por parte de certas franjas da população rural em aderirem ao processo escolar. Por consequência, há de novo uma quebra no movimento de alfabetização, cuja inversão definitiva no sentido ascendente se viria a operar na transição para o último quartel do século XIX.

Em síntese, pode-se concluir com base nos estudos feitos até o momento atual que:

a) No Portugal do Antigo Regime, nobres, eclesiásticos e monges, membros das profissões liberais, letrados, grandes comerciantes (negociantes) com estabelecimentos, estanqueiros, monopolistas, grandes proprietários de bens fundiários, capitais ou bens móveis eram alfabetizados, podendo, por si próprios, fazer uso regular das capacidades de leitura e de escrita, para os assuntos do quotidiano, seus e da comunidade.

b) Entre as estruturas socioprofissional, socioadministrativa e judicial e o nível de alfabetização há uma grande correspondência.

c) Viver na cidade, ser do sexo masculino e ser proprietário de bens e meios de produção próprios, bens de raiz, ou bens móveis em grande escala, corresponde normalmente a ser alfabetizado. Nas cidades, as esposas dos nobres e de grandes comerciantes eram geralmente alfabetizadas. Entre os médios e pequenos comerciantes, a situação era mais irregular, sendo as suas esposas vulgarmente analfabetas. Desde o século XVI os ourives e gravadores sabiam ler e escrever.

d) Fora das cidades, o acesso à leitura é mais seletivo, não obstante haver setores socioprofissionais que aprenderam a leitura e a escrita com regularidade. São geralmente proprietários de bens de raiz e/ou de bens móveis e que assumem funções de poder e responsabilidades na gestão dos bens materiais e na administração dos assuntos da comunidade. São normalmente empregadores e indivíduos de quem dependem o futuro próprio e de outrem, vulgo "amos".

e) Estudos empíricos elaborados numa paróquia rural do Vale do Ave sugerem que, por meados do século XVIII, cerca de 50% dos residentes (entre autóctones e imigrados) do sexo masculino eram leitores e assinantes, podendo redigir, ainda que de forma grotesca, pequenas mensagens.

Quando se analisa a historiografia da alfabetização em Portugal, a primeira impressão é que essa história é ainda um campo muito aberto e marcado por grandes lacunas no conhecimento, quer para o período pré-estatístico, quer para o período estatístico.

Corresponde a um campo interdisciplinar onde aportam os olhares de investigadores e de especialistas, ancorados em diversos domínios do saber, cuja complementaridade e articulação nem sempre se opera da melhor forma. Se há uma externalidade ao fenômeno e aos processos de alfabetização, que legitima a confluência e a afinidade desses olhares, se há lacunas cuja superação desafia os investigadores de domínios afins para pesquisas de teor historiográfico e se a complexidade e multidimensionalidade dos fenômenos requisita abordagens interdisciplinares, é fundamental contudo gerar e sedimentar eixos de investigação centrados na internalidade inerente ao fenômeno histórico da alfabetização.

Essa questão de internalidade e da externalidade do fenômeno e dos processos de alfabetização torna-se ainda mais complexa, dada a ausência de uma representação e de um discurso ou mesmo de uma tradição historiográfica aglutinadores. Nesse sentido, a historiografia da alfabetização em Portugal não está isenta de riscos. Citemos alguns: a) o acantonamento regional, geográfico, sociológico, pedagógico; b) a distorção de olhares, fruto de focalizações ancoradas em lógicas estritamente disciplinares; c) o reducionismo, ou o empolamento exagerado das conclusões, geradas a partir de uma única fonte historiográfica, de uma única conjuntura econômica, social, cultural ou política, de uma externalidade heurística em que as fontes históricas não são interrogadas a partir de uma problemática e de uma conceitualização, mas exploradas exclusivamente em si próprias, como se houvessem sido escritas para informarem sobre alfabetismo.

Muito embora desde finais do século XIX haja estudos historiográficos sobre as questões do analfabetismo em Portugal e mesmo no plano comparado, vai para uma década que se desenvolvem trabalhos de investigação com relativa sistematicidade de forma a tornar possível superar parte das lacunas no conhecimento historiográfico e rever algumas das conclusões, retiradas noutros contextos e investigação e com recurso a suportes metodológicos bem menos elaborados. É o que revelam os trabalhos obtidos pelo labor incansável de Ribeiro da Silva, a quem fica a dever-se o mérito de haver convertido a História da alfabetização em Portugal numa preocupação científica do mundo universitário. Genericamente e tomando essencialmente os estudos publicados, podem referenciar-se os seguintes trabalhos: a) sobre processos de alfabetização dos portugueses: Grácio, 1981; Silva, 1982, 1984,1986, 1991; Ramos, 1988, 1993; Reis, 1988, 1993; Magalhães, 1990, 1991, 1994, 1996; Rodrigues, 1995; b) sobre educação de adultos: Dias, 1982; Fernandes, 1980-1981; Magalhães, 1994; c) sobre ensino de primeiras letras: Nóvoa, 1988; Fernandes, 1994; Adão, 1995; Magalhães, 1994; d) sobre as questões da leitura: Costa, 1979; Domingos, 1985; Loureiro, 1994; e) sobre política educativa: Reis, 1988, 1993; Nóvoa, 1988. Há estudos não publicados cujo contributo é de igual modo fundamental, entre outros: Carvalho, 1993; Rodrigues, 1993; Azevedo, 1993; Barata, 1993; Marquilhas, 1996.

O Nº 2 da Revista *Colóquio, educação e sociedade*, saído a público em fevereiro de 1993, reúne um conjunto de estudos sobre Educação de Adultos, com incidência na História da Alfabetização.

Está-se, como se referiu, perante uma historiografia que busca caminhos, muito enredada em problemas específicos e resultantes de abordagens muito condicionadas pelo tipo de fontes e pela formação dos historiadores; uma historiografia ligada a estímulos e necessidades de natureza acadêmica. Necessário se torna a estruturação de linhas de investigação de maior fôlego e sistematicidade. É ainda uma historiografia que oscila entre uma visão interna da alfabetização e uma visão externa do mesmo fenômeno — a alfabetização ora é uma variável exclusivamente dependente, ora uma variável exclusivamente independente.

No momento atual, a investigação é de fato ainda muito reduzida, em face da imensidão do tema e das problemáticas que sugere. É uma investigação que depara com uma total ausência de informação histórica em sentido direto. Também no nível de fontes indiretas, escasseiam, quer os sinais autográficos, quer indicações sobre níveis de analfabetismo, seja nos censos eleitorais de meados do século XIX, seja nomeadamente nos cadernos de recrutamento militar. As informações sobre a circulação do livro e as práticas de leitura são igualmente escassas, no entanto nas cozinhas tradicionais não raro se encontrava um móvel com alguns livros — catecismo, livro de cuidados de saúde, escriturações diversas. Nesse sentido, o historiador da história da alfabetização depara com grande dificuldade de informação, tendo necessidade de socorrer-se dos indícios de comportamento autográfico (assinaturas), conservados numa diversidade de documentos que vai cruzando por forma a organizar séries que contenham uma base de sistematicidade. É de fato uma investigação que, por ausência de informação específica credível, tem-se vindo a desenvolver no âmbito da história serial. Séries que Chaunu designa de terceiro nível, por contraponto às séries diretamente fornecidas pelas fontes, nomeadamente preços e listagens e às séries de história econômica. São séries que visam a inferência de conhecimentos ao nível das culturas, mentalidades e comportamentos dos sujeitos, grupos e comunidades históricas. São séries que ganham sentido em si próprias.

Uma das linhas de investigação prosseguidas toma por base a abordagem de grupos social e economicamente diferenciados (testamentários, agentes do poder local, portadores de passaporte). Uma vez caracterizado o grupo em estudo as investigações prosseguem, tendo por base uma classificação sumária do tipo de assinaturas. Nesse sentido se destacam os trabalhos de Francisco Ribeiro da Silva.

Uma segunda linha de investigação, na qual nos inserimos, toma por base a reconstituição demográfica de comunidades paroquiais, alargando o estudo para as dimensões social, cultural e de alfabetização. São estudos desenvolvidos na longa duração, prosseguindo uma análise exaustiva de todos os membros da comunidade, autóctones e residentes, cruzando informação de diversas fontes e tomando como indícios e marcas de alfabetização e registros autográficos e todas as marcas gráficas conservadas.

As principais fontes do nosso trabalho são as fontes paroquiais: registros de batismo, casamento e óbito. Todavia, uma vez definidas as unidades de análise (a comunidade, o indivíduo), torna-se possível cruzar e ampliar a informação a partir de outras fontes (judiciais, fiscais, testamentos etc.)

Para uma apreciação analítica e crítica das assinaturas, organizamos e testamos uma escala de cinco níveis, tomando em atenção o traço, o grau de segurança e o estilo da grafia. A partir desses estudos, são possíveis algumas inferências, seja no que se refere aos possíveis grupos de alfabetizados, nas mesmas circunstâncias e contextos, seja no que se refere à inferência de níveis de uso e de participação sociocultural pela via da escrita. Mas não apenas essa dimensão funcional da escrita é considerada, mas também a sua dimensão antropológica — quantos assentos oficiosos não foram também o local de registro de mensagens de angústia, em face das agruras do tempo, seja pela parte de escrivães, seja pela parte dos próprios eclesiásticos? Muitos assentos estão reescritos nas capas e nas margens, revelando-se uma via de penetração no quotidiano das populações. A alfabetização está profundamente ligada aos desempenhos socioprofissionais e às oportunidades de acesso à cultura escrita. O conceito de literacia, e por consequência o conceito de alfabetização, constroem-se do ponto de vista histórico nessa multifatorialidade.

A principal hipótese/problema dessa investigação é de natureza múltipla e consiste em admitir que os processos de alfabetização surgem correlacionados com três tipos de variáveis: a) variáveis relativas ao contexto, ao local e ao tempo histórico; b) variáveis relativas à evolução do código linguístico, nomeadamente no que diz respeito à vernaculização da cultura escrita no quotidiano — desempenho de funções, práticas da leitura e da escrita; c) variáveis relativas às oportunidades de acesso e às práticas da cultura escrita por parte dos sujeitos e dos diferentes grupos sociais.

Operacionalmente, a investigação estrutura-se em torno de uma questão central: a níveis diferenciados de alfabetização correspondem desempenhos e níveis de inserção/participação social gradativamente diferenciados. Várias sub-hipóteses permitem, por seu turno, estruturar a complexidade da abordagem, tomando em atenção os fatores: hegemonização; urbanismo; fatores endógenos e fatores exógenos; fator comunicação. A metodologia utilizada é de natureza quantiqualitativa integrada e interdisciplinar, a partir de uma lógica interpretativa e de problematização. Toda a informação é procurada e trabalhada por forma a corresponder, confirmando ou negando as hipóteses/problema que a cada momento se levantam. Contudo, privilegiam-se como base as fontes paroquiais e a Metodologia da Reconstituição Demográfica das Paróquias, proposta por Norberta Amorim. Uma segunda dimensão metodológica igualmente importante é a diferenciação dos métodos de iniciação à cultura escrita e a utilização criteriosa das marcas autográficas. Dadas as suas características de contextualização e de comunicação, a compreensão do fenômeno e processos de alfabetização implica o conhecimento e caracterização dos fatores e agentes de mediatização dos móbeis relativamente à cultura escrita.

Para o mundo rural, a paróquia, enquanto comunidade de base territorialmente demarcada, é um espaço de participação, comunicação e de relações de poder. De fato, a estrutura social da paróquia ressente-se de fenômenos de hegemonização e capilaridade social. Nela, os elementos religioso e laico cruzam-se e complementam-se sob uma complexa dinâmica, histórica, de comunicalidade, identidade, solidariedade (sobrevivência), auto-organização e comunicação. Uma diversidade de relações que sugere níveis diferenciados de alfabetismo e estruturas de alfabetização que não se prolongam pela escolarização.

Realidade histórica, a paróquia converte-se em categoria historiográfica através da reconstituição demográfica que, em resumo, permite a identificação de todos os sujeitos naturais e residentes, organizados em cadeias genealógicas informatizadas e o estabelecimento das datas que marcam todos os seus atos existenciais, parte dos quais ficaram assinalados por marcas autográficas.

É uma investigação consequente, nos quadros regional e interregional, mas que esboça apenas os primeiros passos. É necessário ampliar as equipes de trabalho e fazer confluir os vários ângulos de abordagens históricas das elites, designadamente a partir das pautas setecentistas, história das milícias e ordenações etc. É, no entanto, um domínio da investigação que atrai importantes contributos, dentro e fora dos grupos de historiadores; nesse domínio os olhares historiográficos se têm de cruzar a cada momento com os olhares pedagógicos, antropológicos, sociológicos, linguísticos e psicolinguísticos.

Uma das questões básicas para um estudo sobre alfabetização, como capacidade de uso da cultura escrita (literacia/letrismo/alfabetismo), e alfabetização, enquanto forma de acesso e de apropriação (letramento) é dispormos de uma definição clara, sobre cada um desses objetos de investigação e indagarmos sobre sua eventual medição. Se essa é uma problemática atual e se essa é também a via metodológica que se revela mais adequada à sua resolução, então o historiador da alfabetização não pode deixar de equacioná-la para as suas investigações. O letrismo (literacia) como forma aplicada de alfabetização, mede-se pela via indireta. Ora os estudos que tenho vindo a desenvolver, cruzando escalas de informação de vária natureza, triangulando níveis de desempenho autográfico (assinaturas), com níveis de leitura e de escrita/alfabetização e com níveis de realização cultural e sócio/profissional através da cultura escrita (literacia), permitindo projetar e comparar conclusões, constituem uma significativa aproximação à complexidade histórica e antropológica dos processos de alfabetização e da cultura escrita. Todavia essas investigações, parte das quais deram suporte à tese *Ler e escrever no mundo rural: um contributo para a história da educação e da alfabetização em Portugal*, são ainda estudos fragmentários, como que uma arqueologia do conhecimento histórico, mas permitem inferir as virtualidades da metodologia utilizada.

## Nota

[1] O termo "literacia" designa, em Portugal, o fenômeno que, no Brasil, é denominado "letramento" ou "alfabetismo". Para o esclarecimento do modo pelo qual o autor utiliza os termos "literacia", "letramento", "letrismo", "alfabetização" e "alfabetismo", ver a conclusão deste texto. (Nota dos organizadores)

## Referências

ADÃO, Á. *Estado absoluto e ensino das primeiras letras: as Escolas Régias (1772-1794)*. 2 vols. Lisboa. Faculdade de Ciências da Universidade de Lisboa, 1995. Departamento de Educação. Tese de Doutoramento (brochura).

BARATA, M.G. Do Iluminismo ao Liberalismo - a caminho da homogeneização dos níveis de alfabetização e da criação de um mito: o alfabetismo. Os exemplos de Aguiar de Souza e Melres (1750-1820). Porto, 1993. (brochura).

CARVALHO. E. *A alfabetização em Basto (Sta. Tecla). (Séc. XVIII- Séc. XX), Conselho de Celorico de Basto*. Odivelas: Instituto de Ciências Educativas, 1993.

CHARTIER, R. *A história cultural entre práticas e representações*. Lisboa: Difel, 1988.

CIPOLLA, C.M. Literacy and Economic Development in the West. Baltimore, Maryland; Penguim Books (Trad. Port. *Introdução e desenvolvimento no Ocidente*. Lisboa: Editora Ulisseia, 1969).

COELHO. F.A. Para a história da introdução popular: *Revista da educação e ensino*, vol. X. Lisboa, 1895.

COELHO, F. A. *Cultura e analfabetismo*. Porto: Renascença Portuguesa, 1916.

CRESSY, D. *Literacy and the social order. Reading and writing in Tudor and Stuart England*. Cambridge University Press, 1980.

DAMÁSIO, A. *O erro de Descartes. Emoção, razão e cérebro humano* (14ª edição) Lisboa. Publicações Europa-América, 1995.

DIAS, J.R. *A educação de adultos - introdução histórica*. Braga: Universidade do Minho 3ed., 1982.

DOMINGOS, M. D. O público dos gabinetes de leitura. In: *Estudos de sociologia da cultura — livros e leitores do século XIX*, Lisboa. IPED, 1985.

FERNANDES, R. Nascimento da educação de adultos em Portugal, séc. XVII-séc. XVIII. *O instituto*. Vols. CXL-CXLI. Coimbra, 1980/81. p.43 e ss.

FERNANDES, R. Marcos do processo histórico da alfabetização de adultos em Portugal. *Colóquio, educação e sociedade*, vol.2, 1993. p.115-144.

FERNANDES, R. *Os caminhos do ABC. Sociedade portuguesa e ensino de primeira letras do pombalismo a 1820*. Porto. Porto Editora, 1994.

FERREIRO, E. & GOMES PALACIO, M. (cord.). *Os processos de leitura e escrita, novas perspectivas* (3ª edição). Porto Alegre; Artes Gráficas, 1987.

FURET, F &OZOUF, J. *Lire et écrire, l'alphabétisation des Français de Calvin à Jules Ferry*, vols, I, II, Paris: Les Éditions de Minuit, 1977.

GRÁCIO, R. Ensino primário e analfabetismo. In SERRÃO, J. dir. *Dicionário de história de Portugal*. vol. II. Porto: Livraria Figueirinhas, 1981.

GRAFF, H. J. *The literacy myth. Literacy and social structure in the Nineteenth-century city.* New York/ San Francisco/ London: Academic Press, 1979.

GRAFF, H.J. *Literacy in history. An interdisciplinary research bibliography.* New York/ London: Garland Publishing, 1981.

GRAFF, H. J. *The legacies of literacy. Continuities and in werstern culture and society.* Bloomington and Indianapolis: Indian University Press, 1986.

GRAFF. H.J. *The labyrints of literacy. Reflections on literacy past and present.* London: The Falmer Press, 1987.

GRAFF. H.J. *Storia dell'alfabetizzazione occidentale.* Vols. I,II,III Bologna: Societá aditrice il Mulino, 1989.

GRAINHA, M. B. *O analfabetismo em Portugal.* Lisboa, 1908.

HEATH, S. B. *Ways with words. Language, life and work in communities and classrooms.* Cambridge, Cambridge University Press, 1983.

HOUSTON, A. *Scottish literacy and the scottish identity: illiteracy and society in Seitland and Norther England, 1600-1800.* Cambridge. Cambridge University Press, 1985.

JARVIS, P. *The learning process and late modernity.* In: *Revista portuguesa de educação* (em publicação), 1996.

KAESTLE, C.F. The history of literacy and history of readers. *Review of research in Education*, 12. American Educational Research Association, 1985. p.11-53.

KAESTLE, C. F. Literacy and Diversity. Themes from a social history of the american reading public. *History of education quartely*, vol. 28, 4, 1988, p.523-549.

KAESTLE, C.F. DAMON-MOORE, H & alli. *Literacy in the United States. Readers and reading since 1880.* New Haven and London: Yale University Press, 1991.

LACERDA, E. Alfabetização; compromisso sócio-político. In: *Ver a educação*, Belém, v. 1, N/2, 1195, p.1-18.

LARQUIÉ, C. L'alphabétisation à Madrid en 1650 *Revue d'histoire moderne et contemporaine.* Vol. XXVIII, 1981, p.132-157.

LOUREIRO, O. M. *O livro e a leitura no Porto no século XVIII.* Porto; Centro de Estudos D. Domingos de Pinho Brandão/ Fundação Eng/ António de Almeida, 1994.

LUZIRIAGA. I. *El analfabetismo en España.* Madrid. Museo Pegagógico Nacional. MAGALHÃES, J.(1990). Alfabetização e Funcionamento do regime liberal. Freqüência de alfabetização da população bracarense em 1836. *Revista portuguesa de educação*, 3(1), 1919, p.117-132; (2), p.119-133.

MAGALHÃES, J. Apontamentos sobre componentes estruturais da história da alfabetização. FORUM, 9/10, 1991, p.45-69. MAGALHÃES, J. A reconstituição de Paróquis como base de dados para a história da alfabetização e da cultura. *III Congreso de la Asociación de Demografía Histórica*, UM, 22/24 de abril, 1991.

MAGALHÃES, J. Cultura escrita e missionação. Os estados dos conventos beneditinos do Brasil no século XVIII. *ISCHE XV* (Internacional Standing Conference for the History of Education), Lisboa, 21-25 Julho, 1993.

MAGALHÃES, J. Um apontamento para a história da alfabetização e da educação de adultos nos sécs. XIX eXX em Portugal, *Jornadas de educação de adultos em Portugal — situação e perspectivas.* Faculdade de Psicologia e de Ciências da Educação da Universidade de Coimbra, 29 a 30 de Abril de 1994.

MAGALHÃES, J. *Ler e escrever no mundo rural do antigo regime, um contributo para a história da alfabetização e da escolarização em Portugal.* Braga; Universidade do Minho, Instituto de Educação (Prémio Rui Grácio para as Ciências da Educação da Sociedade Portuguesa de Ciências da Educação, ano de 1994)

MAGALHÃES, J. Estratégias educativas do Vale do Ave na transição do antigo regime, *V Colóquio galaico-minhoto.* Universidade do Minho, Braga, 21 a 24 de Setembro, 1994.

MAGALHÃES, J. Demografia e alfabetização no Vale do Ave na transição do Antigo Regime, IV Congreso da la Asociación de Demografía histórica, Bilbau, Espanha, 20/ 23 de Setembro de 1995.

MAGALHÃES, J. Um contributo para a história do processo de escolarização da sociedade portuguesa na transição do antigo regime. In *Educação, Sociedade & Cultura,* N/ 5, 1996, p.7-34.

MAGALHÃES, J. Linhas de investigação em história da alfabetização em Portugal: um domínio do conhecimento em renovação. In *Revista brasileira de educação,* Mai/Jun/Jul/Ago. N/ 2. ANPEd - Associação nacional de Pós-Graduação e Pesquisa em Educação, 1996, p.42-60.

MAYBIN, J. (ed.) *Language and literacy in social practice.* Clevedon/ Philadelphia/ Adelaide: Multilingual Matters, Ltd & The Open university, 1994.

MARQUILHAS, R. A Faculdade das letras. Leitura e escrita em Portugal no Século XVII. Lisboa, 1996.

MORENO MARTINEZ, P. L. *Alfabetización y cultura impresa en Lorca (1760-1860).* Murcia Universidad de Murcia, 1989.

NUÑES, C. E. *La fuente de la riqueza. Educación y desarrollo económico en la Eapaña contemporánea.* Madrid. Alianza Editorial, 1992.

PETRUCCI, A. & GIMENO BLAY, F. (eds.) *Escribir* y *leer en occidente Valéncia*; Departamento de Historia de la Antiguedad y de la Cultura/ universitat de Valéncia, 1995.

QUÉNIART, J. Les apprentissages scolaires élémentaires auXVIIIe siècle: Faut-il réformer Maggiolo? *Revue d'histoire moderne et contemporaine.* Tome XXIV, 1977, p.3-27

QUÉNIART, J. De l'oral à l'éscrit. Les modalités d'une mutation. *Histoire de l'éducation*, 21, 1984, p.11-35.

RAMOS, R. Culturas da alfabetização e culturas do analfabetismo em Portugal — uma introdução à história da alfabetização no Portugal contemporâneo. *Análise social XXIV* (103-104), 1988, p.1067-1145.

RAMOS, R. O método dos pobres: educação popular e alfabetização em Portugal (Séculos XIX eXX). Colóquio, educação e sociedade, N/2, 1993, p.41-68.

REIS, J. O analfabetismo em Portugal no século XIX: algumas reflexões em perspectiva comparada. In AAVV (1988) *I Encontro de história da educação em Portugal.* Lisboa: Fundação Calouste Gulbenkian, 1988.

REIS, J. O analfabetismo em Portugal no século XIX; uma interpretação. Colóquio, Educação e sociedade, 2, 1993, p.13-40.

RODRIGUES, H. *Emigração e alfabetização. O Alto-Minho e a miragem do Brasil.* Viana do Castelo; Governo Civil de Viana do Castelo, 1995.

RODRIGUES, M-C. & BENNASSAR, B., Signatures et niveau culturel des témoins et accusés des procés d'inquisition du ressort du tribunal de Tolède (1525-1817) et de ressort du tribunal de Cordoue (1595-1632*). Caihers de monde hispanique et luso-brésilien (Caravelle)* 31, 1978, p.17-46.

SAUGNIEUX, J. *Cultures populaires et cultures savants en Espagne du Moyen Age aux Lumières,* Paris; CNRS, 1982.

SCHOFIED, R. S. The measurement of literacy in pre-industrial England. I GOODY, J. ed *Literacy in traditional societies,* 2ª ed. Cambridge University Press, 1981, p.311-325.

SILVA, F. R. Níveis de alfabetização de oficiais administrativos e judiciais dos conselhos de refojos de riba d'Ave e da Maia, na 1ª metade do séc. XVII. Separata de *Actas do Colóquio de história local e regional.* Sto. Tirso, 1982, p.307-336.

SILVA, F. R. O Conselho de Gaia na 1ª metade do séc. XVII, Instituições e níveis de alfabetização dos funcionários. *Gaya*, vol. II, V. N. Gaia, 1984, p.187-212.

SILVA, F. R. A alfabetização no Antigo Regime. O caso do Porto e da sua região (1580-1650). *Revista da Faculdade de Letras do Porto - História*, II Série, vol. III, 1986, p.101-163.

SILVA, F. R. arroco e escolarização: taxas de alfabetização no Porto nos inícios do século XVIII. In: *I Congresso internacional do Barroco. Actas.* vol. II. Porto: Reitoria da Universidade do Porto/Governo Civil do Porto, 1991, p.425-461.

SILVA, F. R. História da alfabetização em Portugal: fontes, métodos, resultados. In: *A história da educação em Espanha e Portugal – investigações e actividades* (Nóvoa, A & Ruiz Berrio, J. eds.). Porto: Sociedade de Ciências da Educação, 1993, p.101-121.

SOUBEYROUX,J. *Niveaux d'alphabetisation en Espagne au XVIIIe siècle.* Premier bilan de educación, número extraordinario: la educación en la Ilustración Española, 1995, p.277-302.

SWAAN, A. El curriculum elemental como código nacional de comunicación. *Revista de educación*, N/295, 1991, p.207-290.

VIÑAO FRAGO, A. A. Historia de la alfabetización versus historia del pensamiento, o sea, de la mente humana. *Revista de educación*, 288, 1989, p.35-44.

VIÑAO FRAGO, A. Oralidad y escritura. Las pardojas de la alfabetización. *La comunidad de Madrid por la Alfabetización. Madrid*: Comunidad de Madrid/ Consejería de Educación, 1990, p.32-1-45.

VIÑAO FRAGO, A. Alfabetización, lectura y escritura en al Antiguo Regímen (siglos XVI-XVIII) In Escolano Benito, A dir. *Leer y escribir en España. Doscientos años de alfabetización.* Madrid/ Slamanca: Fundación Germán Sánches Ruipérez; Madrid: Ediciones Pirámide, 1992, p.385-410.

VIÑAO FRAGO, A. Un campo abierto, en expansión e interdisciplinar: la historia de la alfabetización, In NÓVOA, A. & RUIZ BÉRRIO, J. eds. *A história da educação em Espanha e Portugal. Investigações e actividades.* Lisboa: Sociedade Portuguesa de Ciências da Educação/ Sociedad Española de Historia de la Educación, 1993, p.85-100.

VIÑAO FRAGO, A. *Alfabetização na sociedade e na história. Vozes, palavras e textos d'une Enquête en cours Montpellier.* CERS/UER II, 1993, p.117-135.

STONE, L. Literacy and education in England, 1640-1900. *Past & present*, 42, 1996.

VENEZKY, R. WAGNER, D. 7 CILIBERT, B. *Toward defining literacy.* Newark international Reading Association, 1990.

VIÑAO FRAGO, A. Del analfabetismo a la alfabetización. Análisis de una motación antropológica e historiográfica. *Historia de la educación,* vol.3, 1984, p.151-189; vol.4, 1985, p.209-226.

VIÑAO FRAGO, A. El proceso de alfabetización en el municipio de Murcia (1756-1860). Separata de *La ilustración española. Actas del Coloquio Internacional* celebrado en Alicante1-4 octubre. Alicante Instituto Juan Gil-Albert. Diputación Provincial de Alicante, 1985, p.235-250.

VIÑAO FRAGO, A. Alfabetización e ilustración. Difusión y usos de la cultura escrita. *Revista* Porto Alegre: Artes Médicas, 1988.

# REPRESENTAÇÕES DA ESCOLA E DO ALFABETISMO NO SÉCULO XIX[1]

Luciano Mendes de Faria Filho

A afirmação da escola como instituição social de central importância nas sociedades modernas é um processo de significados múltiplos e variados, ao qual se têm dedicado inúmeros estudiosos da educação, particularmente seus(suas) historiadores(as). Variados estudos têm demonstrado que a crescente importância da escola como instituição social ocorre no interior — como produtora e produto — do movimento de produção da sociedade moderna, estando ligada, pois, ao processo de transformação das instituições de formação e socialização (a família e a igreja, principalmente), de fundação e estruturação das nações e dos estados modernos, de construção do capitalismo e de institucionalização da ciência moderna (PETITAT, 1994; VICENT,1980; ENGUITA, 1989).

Falar, então, da afirmação da escola como instituição social implica, entre outras coisas, explicitar e entender tanto a construção da instituição escolar relacionada à produção de seus mecanismos, de sua cultura e de seus imperativos próprios, quanto a construção dessa especificidade relacionada às outras instituições sociais com as quais ela está em permanente relação.

Numa primeira direção, é de fundamental importância estarmos atentos à forma como as representações e práticas escolares explicitam, constroem e concretizam a cultura escolar e os mecanismos próprios à escola, estabelecendo, assim, não apenas os ritmos, os tempos, os espaços e os ritos e signos escolares, mas, também, e fundamentalmente, os sujeitos autorizados a se ocuparem da formação das novas gerações. Relacionada a isso está, também, a crescente produção de impressos (livros, revistas e outros), objetivando não apenas a formação das crianças/alunos e professores mas também a conformação do campo educativo/pedagógico.

Noutra direção, mas como parte do mesmo processo, podemos entender a afirmação da escola como estando íntima e necessariamente relacionada com outras instituições sociais, como a família, a igreja e a fábrica, por exemplo, e com os processos de formação próprios a cada uma delas. Ora, como sabemos, a relação da escola com essas instituições nem sempre se deu de forma tranquila. O que se observa, na maioria das vezes, é que a produção da centralidade da escola dá-se como um movimento de questionamento, de redefinição ou de desqualificação de outros processos de formação das novas gerações.

Nesta perspectiva, é de particular relevância a compreensão de que a cultura escolar que se constrói e se afirma na modernidade guarda uma íntima relação com o alfabetismo.[2] Contudo, é preciso compreender também que esse movimento se dá no interior de uma relação de tensão com a cultura oral da população, no que se refere aos modos de pensamento, de conhecimento e de expressão característicos dessas diferentes esferas culturais.

Antonio VIÑAO FRAGO, em um texto recente sobre as pesquisas espanholas sobre história do analfabetismo e da alfabetização, afirma:

> *La expansión de la escolarización ha supuesto históricamente, la práctica desaparición de los aprendizajes familiares, asociativos, laborales y autodidáctas, así comno su normalización. Una evolución paralela, por otra parte, a la experimentada en el tránsito de la lectura en voz alta a la silenciosa o mental, de las lecturas públicas y compartidas a las individuales e íntimas, y de las lecturas intensivas a las extensivas y superficiales...* (FRAGO, 1994. p.44)

Isto, contudo, não nos deve levar a pensar numa relação dicotômica entre a escola e outras instituições, ou entre a cultura letrada e a cultura oral. Pelo contrário, esses elementos podem servir para alargar nossa compreensão a respeito dos nexos e das relações estabelecidas pelos diferentes sujeitos sociais que, em suas diversas práticas culturais, escolares ou não, orais ou escritas, realizam um constante e, muitas vezes, quase imperceptível, trabalho de apropriação e condensação dessas diferentes, mas relacionadas, tradições.

Assim, se aqui no Brasil, a escola, até inícios do século XIX, é uma instituição ausente da vida da quase totalidade da população, é preciso que se considere que a crescente afirmação da escola, desde então, não teve o mesmo significado, ou foi vivida de maneira igual, pelo conjunto da população.

Em se tratando da população escrava, por exemplo, o mais comum era considerar sua educação escolar como sendo perigosa, como o faz Thomaz Alves Jr. em seu discurso na abertura solene do Imperial Instituto Sergipano de Agricultura, na década de 60 do século passado. Afirmava ele que a população escrava constituía-se de uma "raça estúpida, degenerada e desmoralizada, privada de toda a educação porque causaria grande perigo à sociedade (...)." Essa população teria ficado

> ...encerrada no seio da família; seus costumes foram arremedados e as futuras gerações amamentadas em grande parte com leite mercenário da escrava, beberam com ele mais de uma de suas tradições. (*apud* Mott, 1986. p.167)

Mesmo em relação à alfabetização da população masculina[3] e branca, é preciso considerar que nem todos os setores eram a ela favoráveis. Conforme lembra Roque Spencer Maciel de Barros, amplos setores católicos demonstravam marcantes desconfianças em relação às facetas "positivas" da escolarização e da alfabetização.

> A instrução e educação obrigatórias – dizia Sá e Benevides – são exorbitantes da missão natural do Estado e atentatórias ao direito de personalidade e aos direitos da família. E Tarquínio de Souza

> não titubeava em dizer (...) que a instituição da instrução obrigatória seria um dos 'piores males' que poderiam verificar-se no país, opinião também esposada por Cunha de Figueiredo Júnior. Instruir obrigatoriamente para quê? Por acaso a alfabetização, por exemplo, é um bem em si? Se ela traz certas vantagens, propicia também oportunidades para delitos que sem ela não se verificariam: sem saber escrever - raciocina Tarquínio de Souza - ninguém falsifica assinaturas.... A ignorância não é um mal, pelo menos comparada à impiedade, e a virtude assenta-se em bases completamente diversas de saber; ela independe da ciência. (Barros, 1959. p.58-9)

No entanto, estes argumentos não foram suficientemente fortes para se oporem à crescente afirmação do alfabetismo e da escolarização como signo do progresso e da civilização e nem mesmo para impedir o contato da população negra com o texto escrito. Conforme afirma Sarita Moisés:

> O século XIX se inicia, no Brasil, marcado por movimento e idéias de libertação, de formação de uma nação, de instrução, discutidos por aqueles que voltam da Europa. O projeto de uma sociedade letrada, a valorização da leitura como sinal de instrução e como forma de socialização, em meados do século, são valores que percorrem essa sociedade. Mesmo com as proibições de acesso ao conhecimento letrado, os escravos não desconhecem a escrita que circula nos impressos e imagens religiosos, nos almanaques, nos periódicos e folhetins, nos poucos jornais e livros, que traduzem um quadro de leitura ainda rarefeita. (Moisés, 1995. p.57)

Assim, se se considera a diversidade e a pluralidade racial, étnica, etária e de classe, as particularidades de gênero e, ainda, as diferenças entre as experiências rurais e urbanas, é relevante levar em conta a especificidade da relação da instituição escolar com as múltiplas dimensões (culturais, políticas, econômicas, sociais) dos vários processos de formação vivenciados pelos diversos sujeitos sociais, sejam estes entendidos como indivíduos ou como grupos.

No entanto, como raramente se observa o cuidado de se distinguirem os processos históricos e culturais de crescente escolarização da sociedade daqueles observados com a paulatina imposição dos atributos do alfabetismo como signo de distinção político-cultural, as pesquisas acabam quase sempre enfocando o fenômeno do alfabetismo como sendo o processo escolarizado de ensino da leitura e da escrita ou, o que dá no mesmo, como sendo o estudo dos usos marcadamente escolares ou escolarizados da leitura e da escrita. Ora, assim como a história da escola não se reduz às práticas de ensino ou de utilização dos atributos do alfabetismo, a história do processo de imposição político-cultural destes não se reduz ao processo de escolarização do seu aprendizado.[4]

Assim, lembrando Justino P. Magalhães, gostaríamos também de afirmar que nossas reflexões e estudos se desenvolvem

> num quadro de reflexão que supera a estreiteza da identidade entre iletrados e ignorantes e entre escolarizados e alfabetizados por um lado, e de compreensão sobre as implicações da cultura escrita, nos planos social e antropológico por outro... (MAGALHÃES, 1994. p.19)

No momento em que as práticas e representações escolares, produzidas por sujeitos escolarizados — professores(as), inspetores do ensino, políticos... —, conseguem produzir e expressar a instituição escolar como o *locus* do processo educativo capaz não apenas de transformar os súditos em cidadãos, mas também os bárbaros em civilizados, os perigosos em trabalhadores, os ignorantes em letrados, trabalha-se fundamentalmente com uma perspectiva sociocultural, em que os signos visíveis dessa passagem são os atributos do alfabetismo. Ou, dizendo de outra forma, a cultura escolar que se elabora como prática e como representações assenta-se já numa visão escolarizada do social, onde a centralidade e a importância é dada não à cultura e aos processos de transmissão orais, mas à cultura letrada, erudita, própria à elite escolarizada que se afirmava.

As consequências político-culturais da afirmação da escolarização e do alfabetismo como elementos não apenas de distinção social, mas também de positiva transformação cultural rumo à modernidade e à "verdadeira cultura", foram dramáticas para a quase totalidade da população que não tivera ou não tinha acesso à escola e ao aprendizado da leitura e da escrita. Talvez a mais radical e duradoura destas consequências tenha sido a produção do conjunto da população como sujeitos *analfabetos* e, a partir daí, como sujeitos ignorantes, incapazes.

Aqui, são muitas as questões a que precisamos estar atentos. A primeira delas refere-se ao momento histórico em que essas práticas e representações adquiriram consistência e força social para se imporem ao conjunto do social. As demais referem-se ao estabelecimento e análise dos elementos centrais em torno dos quais os diferentes sujeitos — individualmente ou em grupo — articulavam suas práticas e representações a um só tempo produtoras e difusoras de tais concepções.

Estudos têm demonstrado que já nas primeiras décadas do século XX, se a batalha ainda não estava terminada, havia já uma tendência bastante cristalizada, mesmo entre as populações pobres e trabalhadoras, no sentido de considerar a escolarização e os atributos do alfabetismo como sendo a forma de acesso de uma cultura superior àquela das camadas populares e de seu usufruto.

Ao longo do século XIX, a escola foi lentamente se afirmando como instituição social responsável pela introdução das novas gerações na vida cultural e política, tal como as entendiam a elite brasileira, para o que era necessário combater outras formas de transmissão e produção culturais. E também foi se produzindo uma noção bastante naturalizada do alfabetismo, em que ele é tido e havido como a forma (natural) de ser do homem e da mulher civilizados e não ignorantes.

São muitas as estratégias por meio das quais os diversos grupos profissionais e/ou sociais buscam conformar a instituição escolar e impor ao conjunto da sociedade uma representação profundamente escolarizada do social. Essas estratégias, poderíamos dizer, vão desde uma visão da legislação, como uma ação educativa das elites sobre as massas populares, passando pela tradução e apropriação culturais, pela produção de uma representação de acordo com a qual o ensino primário seria derivado do ensino superior, pela desmasculinização e feminização do magistério primário, até chegar à estruturação de espaços específicos para a escola, configurados de maneira definitiva por meio da construção, em quase todo o País, dos grupos escolares.

Quanto à questão da legislação, seria interessante percebermos como alguns dos políticos de então concebiam sua *dimensão educativa*. Dizia Rui Barbosa que:

> A situação da lei nem sempre há de ser precisamente idêntica à da sociedade onde tem de imperar. Aquela pode, e em certos pontos, deve, adiantar-se a esta, como escola, como prenúncio do novo tempo, como preparação do futuro. (Rui Barbosa apud Barros, 1959. p.24-5)

Nessa concepção, que se expressa não apenas naquele momento, finais do século XIX e início do século XX, mas no conjunto de nossas tradições legislativas e judiciárias, as leis têm representado um esforço das classes dirigentes na educação do povo (pobre) brasileiro e de afirmação de certas tendências político-culturais pelas quais deveria se pautar o "progresso" ou o "desenvolvimento" da sociedade brasileira. A análise de tal perspectiva poderia contribuir para repensar as próprias perguntas que temos feito à legislação escolar brasileira. Com certeza, ficaríamos profundamente insatisfeitos em "concluir" que nossa legislação, não apenas escolar, vale pouco mais que "letras (mortas) de lei" (Faria Filho,1998).

Não menos significativo poderia ser o fato de não confundirmos o fenômeno da feminização do magistério com a saída maciça dos homens desse nível de ensino. Parece-nos que esses fenômenos, apesar de interligados e interdependentes, não são a mesma coisa. Aqui, entre outros aspectos, seria interessante voltarmo-nos para os motivos que levam os homens a "abandonarem" o magistério primário. Numa explicação muitas vezes mais afirmada que demonstrada, tem-se dito que os homens deixam o magistério porque lhes são oferecidas outras oportunidades, mais rentáveis e valorizadas socialmente, de ocupação e emprego. Noutra, quase que um complemento desta, afirma-se que os homens mais dificilmente sujeitam-se ao trabalho controlado e desqualificado tal como se afigurava a instrução primária no período.

No entanto, mesmo considerando tais afirmações como verdadeiras, elas não esgotam o assunto. Acreditamos ser necessário que nossos estudos busquem compreender que mudanças estavam ocorrendo no interior mesmo das práticas e representações pedagógicas, no cotidiano escolar, que contribuíam para tornar o magistério primário uma profissão pouco masculina. Até que ponto, por exemplo, os homens poderiam considerar como atitude masculina a demonstração de uma maior sensibilidade diante da criança, não gritando ou nela batendo? Era o que afirmavam os discursos escolares considerados "modernos" e "avançados" na época.

Outro aspecto dos mais interessantes do processo de escolarização refere-se à construção dos espaços específicos para a educação pública primária: os grupos escolares. Afastando simbolicamente a escola da casa e separando a escola da rua, os grupos escolares tornam presentes os discursos pedagógicos e dão concretude a eles. Esses estudos se constroem e se estruturam a partir de uma intensa apropriação pelos profissionais e agentes da educação de aspectos significativos das representações sociais acerca do mundo urbano e do significado da fábrica nas sociedades modernas. Creio que não seria demais afirmar que a moderna escola brasileira é tão urbana quanto letrada, fazendo-nos lembrar, sem dúvida, de estudos como o de Angel Rama (1985) sobre o quanto a construção/estruturação das cidades latino-americanas guarda uma íntima e fundamental relação com a cultura letrada e, no mesmo movimento, com o processo histórico de submissão do meio rural, de sua população e dos processos culturais aí vivenciados, aos ritmos, tempos e processos culturais urbanos.

Os discursos pedagógicos do período, no mesmo movimento, caracterizam toda a educação escolar anterior como atrasada e tradicional, e produzem os grupos escolares como o *locus* privilegiado e autorizado da formação das novas gerações, como a forma mais elaborada e moderna de educação, pois racional e higienicamente pensada, como a aplicação, no âmbito da educação, dos princípios da "economia" fabril.

No entanto, seria errôneo pensar que a escola apenas apropria-se das representações sociais acerca do mundo urbano e fabril. Na verdade, em boa parte das cidades brasileiras, e não apenas das capitais, os grupos escolares passam a significar também uma intervenção dos agentes e profissionais da educação na conformação da cultura urbana, nos hábitos, nas sensibilidades, nos desejos e nas perspectivas de vidas das populações. Neste sentido, a escola, imprimindo suas marcas, suas letras, no contexto da cidade, é produtora da urbanidade, tanto quanto é por ela produzida.[5]

Chamando atenção para o fato de que

> as representações simplistas e imóveis da dominação social ou da difusão cultural devem ser substituídas (...) por uma maneira de as entender que reconhece a reprodução das distâncias no próprio interior dos mecanismos de imitação, as concorrências no seio das partilhas, a constituição de novas distinções em virtude dos processos de divulgação. (Chartier, 1990. p.138)

Chartier ajuda-nos a ficar alertas para as apropriações, as mudanças de sentido e para as disputas referentes às práticas e representações sociais relacionadas ao alfabetismo e à escolarização.

Uma dessas mudanças, a qual precisamos investigar mais detidamente, refere-se à existência, ou não, de diferentes compreensões do próprio termo alfabetizado ou analfabeto, bem como das possíveis mudanças dos critérios utilizados para qualificar alguém como sendo ou não analfabeto, questões estas que, sem dúvida, podem estar relacionadas não apenas às diferentes configurações espaço-temporais, mas também às categorias de raça, gênero e classe, por exemplo.

## Alfabetismo e direitos políticos no Brasil: o analfabeto e o voto

Podemos observar, hoje, um crescente número de trabalhos sobre alfabetismo publicados em revistas especializadas brasileiras.

Destes, chama a atenção, por sua clareza, profundidade e pelas perspectivas que aponta, o trabalho de Magda Soares (1995). Nele, ao defender a pertinência da utilização do conceito de *alfabetismo* para caracterizar o estado ou condição (e, por suposto, do conjunto dos comportamentos) daquele que se utiliza, pessoal e socialmente, das habilidades de ler e escrever, e depois de demonstrar as dimensões individual e social do alfabetismo, a autora termina por concluir que

> A multiplicidade de facetas do fenômeno alfabetismo, a variedade e heterogeneidade de dimensões segundo as quais pode ser considerado, a diversidade de suas relações com a sociedade e a cultura levam a concluir não só que é impossível formular um conceito genérico e universal deste fenômeno, como também que são inúmeras as perspectivas teóricas de acordo com as quais se pode analisar esse fenômeno. (Soares, 1995. p.13)

Depois de afirmar que "essas perspectivas ora privilegiam sua dimensão social, ora a dimensão individual" a autora apresenta, de "forma enumerativa e exemplificativa" algumas destas perspectivas.[6] Quanto à primeira, afirma:

> Uma perspectiva histórica, que investiga, entre outros temas, a história dos sistemas de escrita, dos suportes da escrita, dos objetos de escrita, dos processos de acumulação, difusão, circulação, distribuição da escrita ao longo do tempo e em diferentes momentos históricos (história de bibliotecas, de livrarias, de sistemas de informação...), a história das possibilidades de acesso à escrita, das consequências sociais e culturais da imprensa, a história dos leitores (número, condição social, sexo etc.), das leituras e das práticas de leitura e da escrita em diferentes grupos sociais, a história da escolarização e da aprendizagem da leitura e da escrita... (Soares, 1995. p.13)

Quanto à perspectiva "educacional ou pedagógica"

> *investiga as condições institucionais e programáticas de promoção da alfabetização*, os processos metodológicos e didáticos de introdução de crianças e adultos no mundo da escrita, *as relações entre o grau de*

*alfabetismo de diferentes contextos familiares e o sucesso ou fracasso na aprendizagem da língua escrita...* (SOARES, 1995. p.14)

Na verdade, como reconhece a própria autora, "é necessária a articulação desta multiplicidade de perspectivas" para enfocarmos de forma mais adequada o complexo fenômeno que é o alfabetismo.[7] É isso que torna a tarefa, a um só tempo, fascinante e complexa.

A partir dessas considerações acerca de alguns dos significados do processo de escolarização e da recuperação de algumas das possibilidades de pesquisas na área do alfabetismo, gostaríamos de nos centrar em outro aspecto, já referido anteriormente, relacionado à questão da desqualificação cultural e política das camadas populares produzidas na e através da afirmação da escola e do alfabetismo como símbolo e signo de uma cultura superior.

Para isto, gostaria de analisar como esse processo de desqualificação se efetua no interior do pensamento ilustrado brasileiro acerca da participação político-eleitoral do conjunto da população não alfabetizada. Para essa primeira aproximação, vou permitir-me quase exclusivamente uma leitura, ou, em alguns casos, uma releitura, dos discursos utilizados pelo historiador José Honório Rodrigues, num texto pioneiro[8] a respeito do assunto, publicado inicialmente, e não por acaso, na década de 60. Trata-se do texto "O voto do analfabeto e a tradição política brasileira", um dos que compõem o livro *Conciliação e reforma no Brasil.*

Segundo José Honório Rodrigues, até a década de 80 do século passado, "as restrições ao direito de voto foram sempre de outra natureza, social ou econômica, mas nunca literária" (RODRIGUES,1982. p.143). Ao longo de nossa história

> ... foram se estabelecendo os privilégios de nobres contra os mecânicos e escravos, dos naturais da terra contra os filhos do reino. Mas nunca a favor do que sabia ler, porque os letrados constituíam uma minoria tão insignificante que não haveria quem votar, nem em quem votar, caso fossem excluídos os analfabetos. (RODRIGUES, 1982. p.144)

A respeito dos procedimento para as eleições, as Instruções de 19/03/1822, para eleições daquele mesmo ano diziam:

> Parág. 5, cap. II "os que não souberem escrever, chegar-se-ão à Mesa para evitar fraudes, dirão ao secretário os nomes daqueles em quem votam; este formará a lista competente que, depois de lida, será assinada pelo votante com uma cruz, declarando o secretário ser aquele sinal que usa tal indivíduo. (Rodrigues, 1982. p.146)

Afirma ainda, o historiador, que "embora fosse uniforme a legislação eleitoral na concessão o voto ao analfabeto, é certo que alguns pensadores liberais e conservadores discutiam a matéria" (Rodrigues, 1982. p.146). Essa discussão é particularmente importante, e decisiva, nos anos iniciais da década de 80 do século passado, ocasião dos debates de uma proposta de eleição direta, conhecida posteriormente como Lei Saraiva. Esta lei foi a primeira a colocar impedimentos ao voto dos analfabetos, reduzindo "o eleitorado, que era de 10% da população, a menos de 1% numa população de cerca de 14 milhões" (Carvalho, 1990. p.24). A discussão inicial dessa lei, na Comissão Especial, deu-se no dia 25 de maio de 1880, sendo a mesma aprovada em 1881.

Em consonância com a legislação eleitoral anterior, a proposta do Ministro Saraiva mantinha a exclusão de amplos setores da população a partir de um dispositivo que determinava que

> É eleitor todo cidadão brasileiro, nato ou naturalizado, católico ou acatólico, ingênuo ou liberto,... dadas as seguintes condições: parágrafo 1º. ser maior de 21 anos, com exercício efetivo de seus direitos civis. Parágrafo 2º. Perceber por bens imóveis, comércio, indústria, emprego, títulos da dívida pública, ações de bancos e companhias legalmente autorizadas, depósitos nas caixas econômicas do governo, renda anual não inferior a 200$;... (*apud*. Rodrigues, 1982. p.149-50)

Além disso, a proposta defendia a exclusão dos analfabetos, pois, conforme lembrava Saldanha Marinho, "Se não diz claramente que o analfabeto não tem voto, implicitamente o estabelece, quando determina que o eleitor (antigo votante ou atual votante) escreva e assine um recibo e escreva ele mesmo a sua cédula".

As justificativas para a necessidade de proibição do voto do analfabeto baseiam-se quase que exclusivamente na afirmação de que tais sujeitos sociais careciam de independência, de inteligência e de instrução, fatores necessários à livre expressão das liberdades e das convicções individuais no momento do voto. Sales Torres Homem, por exemplo, afirmava que é "sobretudo no exercício do direito eleitoral das classes necessitadas e ignorantes que se cometem os mais odiosos abusos" (*apud.* Rodrigues, 1982. p.146).

Já Justiniano José da Rocha, um de seus principais adversários, lembrava que:

> o número de analfabetos estava fora de toda a proporção com os que conhecem as letras e o número destes para com os que lêem, para os que, de vez em quando, refletem no que é organização social, no que é direito público, ainda está mais fora de toda a proporção (...)" (*apud.* Rodrigues, 1982. p.146-7)

Como, então,

> a esses analfabetos, como a toda essa massa que nada compreende, e que nada quer compreender, conferir o direito de eleger, e não prever, já a desorganização social, já todos esses resultados que presenciamos? (*apud* Rodrigues, 1982. p.146-7)

Concluía que:

> A liberdade política em nossa terra não poderia ser eficazmente garantida senão pelas classes médias, dotadas de mais ilustração, de mais conhecimento de seus deveres e direitos políticos; mais interessadas na ordem pública e no bem-estar da sociedade; entendíamos que, em vantagem delas própria, devia-se-lhes vedar o exercício de um direito que elas não compreendem e malbaratam, comprometendo com esses abusos e pela preponderância do seu número, a verdadeira liberdade política do país, a causa da civilização nacional que os cidadãos ilustrados, que os homens mais diretamente interessados na pública prosperidade não poderiam defender contra o servilismo e a tendência facciosa destas últimas classes (*apud.* Rodrigues, 1982. p.147)

Nessa mesma linha de pensamento, Cândido de Oliveira acrescentava:

> Os analfabetos não têm opinião por si, inspiram-se nas opiniões alheias, são o reflexo do pensamento dos potentados, e, a meu ver, seria um grande perigo para a verdade da eleição, se eles para ela concorressem sem a consciência da sua responsabilidade. (*apud* Rodrigues, 1982. p.153)

Já César Zama, defendendo a utilização apenas do critério de saber ler e escrever, e não o da exclusão econômica, na mesma tradição de Rui Barbosa, repunha o significado pedagógico da legislação eleitoral:

> O ser a instrução primária a fonte do exercício do direito de voto teria para mim um duplo resultado: despertar nas classes populares o desejo de instruírem-se para poderem elevar-se às funções políticas, estimular os poderes públicos e derramar a mãos largas sobre o país a maior soma de ensino possível, para que mais larga e sólida fosse a base em que se apoiasse o governo. (*apud* Rodrigues, 1982. p.155)

No entanto, nem todos os intelectuais e congressistas concordavam com os argumentos apresentados pelos defensores da nova lei. Fora do Congresso havia questionamentos, como o do positivista Luís Pereira Barreto, que perguntavam:

> Mas lucraremos realmente muita coisa ao arredarmos do processo eleitoral o grosso rebanho dos iletrados, dos analfabetos, dos dependentes de toda sorte? Serão os nossos caipiras os únicos causadores da nossa ruína moral, dos nossos descalabros financeiros e administrativos? Francamente, pela minha parte, não o creio... Muito maior cúmplice é a nossa fidalguia de diplomados e condecorados, de doutores, comendadores, barões e viscondes, com ou sem grandeza, de que hoje regurgitam todas as províncias. É aqui que está uma das páginas mais escuras do segundo reinado. (*apud* Rodrigues, 1982. p.148)

No entanto, quem mais se destaca na defesa da não introdução de critérios que impossibilitem o voto daqueles que não podem comprovar renda e dos analfabetos é o também positivista Saldanha Marinho. Contra a "Prova de renda" ele argumentava:

> É um princípio falso, senhores, afirmar que o trabalhador, que o proletário, o homem do povo, que não possa exibir conhecimento do tesouro, não deve votar, porque não tem contribuído com o seu contingente para despesas do Estado. Bem ao contrário o imposto pesa e cruelmente sobre o consumidor; é ele que paga tudo; paga indiretamente, mas paga demais; paga além da taxa, porque paga a exageração do intermediário. No nosso país ninguém pode ser impedido de votar, ser repelido das urnas, privado do gozo do principal atributo do cidadão sob o falso pretexto de que não concorreu para as despesas públicas. (*apud* Rodrigues, 1982. p.150)

Já a defesa da não exclusão dos analfabetos adquire uma dupla dimensão: na primeira, os argumentos são nitidamente políticos, apontando para o fato de que se o Império não construiu escolas para educar o povo, não pode, agora, simplesmente cobrar que todos estejam escolarizados, que todos sejam alfabetizados; na segunda, os argumentos são muito mais de cunho sociocultural, questionando profundamente as representações que consideravam o analfabeto como sendo um sujeito ignorante e incapaz.

Na primeira direção ele afirmava que

> ...uma tal providência, decretada assim de chofre, é até iníqua e eu a combato. No nosso país a cuja população se prometeu o ensino gratuito, mas que se iludiu a promessa desde o começo do Império; no nosso país onde as escolas são em número tão diminuto, e geralmente mal dirigidas e que por isso não satisfazem as necessidades da instrução primária, nem a nove décimos da população, não se tem o direito de castigar tão descomunalmente os que têm a infelicidade de, por falta de escolas e de mestres, não saberem ler nem escrever. (*apud* Rodrigues, 1982. p.150-1)

É interessante percebermos que é esta a perspectiva que "fez história" no pensamento político e pedagógico brasileiro, sendo reiteradamente repetida ao longo de nossa história republicana. Veja-se, por exemplo, o que dizia Francisco Mendes Pimentel, ao apresentar um projeto de ensino profissionalizante em 1896:

> Nós que pregamos a República como regime popular por excelência, nós que ou apostolamos a redenção política da nossa Pátria ou

> a ela prometemos servir com fé e com lealdade, nós que em nossas bandeiras partidárias inscrevemos o velho lema, a velha divisa do governo do povo e para o povo, nós que só do povo tiramos toda a força que aqui nos congrega e que aqui nos mantém, nós, digamo-lo com franqueza e digamo-lo com verdade, nós não temos bem cumprido o primeiro dos nossos deveres, nós nos temos descurado da verdadeira educação popular. (Pimentel, 1949. p.32)

O outro exemplo são as palavras do próprio José Honório Rodrigues, presentes no mesmo texto que estamos citando:

> Como a República não cumpriu o seu dever de educar o povo brasileiro, ou mais simplesmente ainda, de ensiná-lo a ler e escrever - seu maior e mais colossal fracasso –, não é possível afastar o analfabeto do processo, quando ele exerce todos os deveres de cidadão, trabalha, produz, paga impostos, exerce direitos civis, como já acentuava Saldanha Marinho em 1881. (Rodrigues, 1982. p.165)

Outra vertente desta mesma perspectiva afirma que, na verdade, a exclusão dos analfabetos foi uma forma de excluir, também, os escravos libertos da participação político-eleitoral. É José Honório Rodrigues que afirma:

> (...) a eliminação do analfabeto do processo eleitoral não serviu, como se esperava, de estímulo para a aprendizagem nem forçou o governo a expandir a educação.
>
> Serviu, então, tal eliminação para quê? É preciso considerar que se o analfabeto não era excluído - havia vários outros processos discriminatórios (renda, libertos, acatólicos, praças de pré etc. ) –, era excluído o escravo, e em 1882 grandes mudanças sociais estavam à vista e uma nova geração política clamava por reformas. A eliminação do analfabeto era a eliminação, na sua quase totalidade, do escravo liberto. Permitia-se, pela lei de 1881, que o liberto votasse, desde que soubesse ler e escrever e tivesse determinada renda, cuja prova não era facilmente exibida.
>
> Tratava-se, portanto, como sentiam os mais liberais, com Saldanha Marinho à frente, de uma medida ilusória, pois fingia permitir o que realmente se impedia, sem perder as aparências liberais. (Rodrigues, 1982. p.163)

No entanto, para o que estamos tratando aqui, a argumentação mais interessante, e para a qual pouco se tem dado atenção entre nós, é a que questiona justamente o cerne da defesa da exclusão do analfabeto cujo alicerce é, conforme o demonstramos, a concepção do analfabeto como ignorante que precisa ser conduzido, protegido, civilizado, enfim, educado e escolarizado. Questionando esta perspectiva, Saldanha Marinho afirmava:

> O poder marital, o pátrio poder, a faculdade de testar seus direitos elevados a importantíssimas prerrogativas; para isso é indispensável maior soma de critério, de boa fé e de sinceridade e ainda ninguém se lembrou de excluir dos respectivos exercícios os que não sabem ler e escrever. Por que, pois, a lei política há de excluir presunção geral de discernimento em que se funda a lei civil? O chefe de família tem interesses muitas vezes complicados a dirigir, e a lei o reconhece capaz; tem grandes deveres morais a cumprir, deveres de proteção à mulher, deveres de autoridade e de educação para com os filhos e a lei reconhece o analfabeto capaz de os desempenhar; e entretanto é a esse mesmo homem que a lei política nega o discernimento preciso para escolher um candidato entre os mais honrados, inteligentes e de melhor conceito! A liberdade de consciência não é negada ao analfabeto; a própria Constituição lhe dá direito de escolha de religião; a Constituição reconhece em todos o discernimento necessário para crer o que melhor lhe convier e quer-se agora negar-lhe discernimento para a escolha de um candidato em quem mais confie. O analfabeto ante a lei criminal é apto para conhecê-la, ter vontade de indispensável conhecimento para proceder de uma ou de outra forma e a lei política há de privá-lo até do senso comum para votar em quem lhe pareça melhor? Só não tem inteligência para exercer um simples direito político? (apud Rodrigues, 1982. p.151)

É interessante notar que Saldanha Marinho, ao mesmo tempo em que deixa muito claro que se trata de questionar a exclusão do *homem* analfabeto, constrói seu discurso de forma muito interessante, utilizando-se de referências, de valores, hábitos, comportamentos, sensibilidades e crenças, profundamente arraigadas na tradição e nas instituições brasileiras ao defender sua tese. Se ao homem analfabeto a legislação reconhece autonomia, inteligência e conhecimento para tomar decisões a respeito de assuntos centrais para a ordem social, seja em relação à família, à liberdade de consciência e religiosa ou aos delitos criminais, por que não reconhecer-lhe, também, os mesmos atributos em relação ao voto?

Em outro momento de seu discurso, Saldanha Marinho volta a perguntar:

> Pois bem, se o analfabeto exerce faculdades tão importantes como estas, por que lhes quereis tirar o direito de voto? O analfabeto pode ser enganado? Senhores, percorramos todos esses distritos eleitorais de fora da cidade; vamos entender-nos com essas populações analfabetas e encontraremos entre elas muito bom senso, muita dignidade e muita honra, e talvez mais independência." (apud RODRIGUES, 1982. p.152)

Essa vertente não logrou, a não ser muito marginalmente, impor-se como temática de reflexão ou como uma referência marcante em relação à história da escolarização e do alfabetismo da/na sociedade brasileira. Uma conseqüência dessa imposição da escola como inquestionavelmente positiva é, entre outras, o fato de pouco conseguirmos afirmar o valor das práticas não escolares na formação das novas gerações. Outra, não menos drástica para as camadas populares, é a construção de uma representação política que tem na escola e na alfabetização a "porta de entrada" para a cidadania político-cultural e não como um dos momentos de sua concretização.

Assim, uma vez juntos, mais e mais a escola e o alfabetismo vieram se impondo não apenas como discussões políticas de uma minoria letrada, nem tão pouco apenas como vãs pretensões de republicanos jacobinos, mas sobretudo, como instâncias e referências produtoras e estruturantes de representações político-culturais sobre o conjunto da população brasileira.[9]

Que as práticas e representações escolares, já no século passado, influenciavam de maneira marcante, e algumas vezes decisivas, o cotidiano das pessoas pobres, mesmo aquelas que jamais frequentaram a escola, é uma evidência trazida por vários trabalhos. Gostaria, uma vez mais, de demonstrá-lo citando um longo, mas muito interessante, trecho de um livro de memórias do mineiro Luiz Rousseau Botelho, denominado *Dos 8 aos 80*. Nele, em um "capítulo" sob o título de *O professor*, o autor descreve/lembra experiências ocorridas, segundo ele, nos anos de 1898 e 1899. Lembra Luiz Rousseau que:

> Quando chegavam as férias no meu colégio eu ia para uma das fazendas de meus avós e tios que me queriam bem, isto ainda no século XIX. Eu ficava ansioso pelos meses de junho e dezembro, aí me preparava para juntar com os meus queridos crioulinhos e mulatinhos da fazenda, que eram bons, sinceros, valentes e analfabetos.
>
> (...) Eu sabia ler, tinha sete para oito anos, lia um pouco, pois o Felisberto de Carvalho (livro) me ensinou, e já estava acostumado a falar com vocabulário correto de minha casa e de meus professores. Mas o vocabulário de meus amiguinhos era bastante diferente, e o de seus pais também; eu ficava confuso com as palavras que eles usavam em sua linguagem simples. (...)
>
> Conforme eu estava dizendo, meus amiguinhos pretos e mulatinhos da fazenda eram analfabetos de pai e mãe. Eu tinha dó deles não saberem nem o A, B,C.. Quando fui à cidade trouxe o meu livro do Filisberto de Carvalho, que ensinava as primeiras letras, e fui ensinar os moleques, ao menos o abecedário. À noite nos sentamos lá na cozinha, na mesa com os bancos compridos, sob a luz da lamparina, e comecei a lição. Primeiro foi o Felismino, que tinha a minha idade. Arranjei um papelão e furei um buraco nele com a tesoura, do tamanho da letra, que eram todas ilustradas no livro. Eu punha o buraco no papelão sobre a letra, e lhe ensinava o nome dela, depois passava para outra letra, e assim por diante, de modo que ele visse a letra pelo buraco do papelão e ouvisse o nome dela.
>
> Depois eu voltava ao começo do alfabeto e tomava a lição. Ele respondia direitinho o nome das letras A, B, C, D etc. O mais inteligente era um mulatinho de cabelo corrido, que os filhos-da-candinha diziam que era filho do Alfredo, um turco mascate que andou muito por lá. A mãe dele era uma mulatinha miúda e muito assanhada e falante, chamava-se Perpétua da Gamela (não sei por quê). O Felismino

> aprendeu o A, B, C, em três semanas, mas havia o Aleixo, um crioulinho, que era tapado de fazer dó, não aprendia nem decorava o nome das letras, por mais que eu esforçasse. Uma vez eu lhe perguntei se já conhecia a letra K, e ele me perguntou: – "Ondé que mora?" Aí eu desanimei, ele até parecia retardado, desses que se conhece hoje. Mas, todas as noites havia as conversas variadas e depois lição de A,B,C, na cozinha, que até agora eu me lembro, vejo e ouço vozes, e oitenta anos são passados!" (Botelho, 1979. p.17-21)

Pode-se argumentar, aqui, que, na verdade, esse texto, como um dos resultados do trabalho da memória do autor, reflete as sensibilidades de Luiz Rousseau em face do analfabetismo no momento mesmo em que escreve, na década de 70 deste século, e não nos finais do século passado. Parece-me que isto precisa ser levado em consideração. No entanto, esse fato não pode ocultar ou fazer com que não percebamos outro, tão fundamental quanto o primeiro: o de que a escola e suas representações sobre o alfabetismo, atingiam e traziam consequências para muitos daqueles que jamais passaram por ela.

Assim, tal como Luiz Rousseau Botelho, aprendemos a derivar a ignorância do analfabetismo e a afirmar a superioridade da escola e de sua cultura letrada sobre a cultura e tradição orais, próprias às camadas populares. Nessa perspectiva, aquilo que Moisés (1995. p.61) chama de "embranquecimento da palavra escrita" poderia ser relacionado ao processo mais amplo de escolarização do social. Esse "embranquecimento" corresponderia ao "embranquecimento" da sociedade brasileira no período que estamos estudando "pela migração, pelas teorias racistas em torno do mulato, pelas representações do negro como estrangeiro que deve voltar à África", além de ser considerado um dos momentos específicos de configuração da escrita e da leitura escolares.

É importante, no entanto, salientar que todo esse processo que estamos analisando talvez não esteja, como tradição, presente apenas no ensino dito fundamental. Em 1978, ao escrever algumas "Notas para a segunda edição" do livro *Teoria da cultura de massa*, por ele organizado, Luiz Costa Lima (1978), a propósito dos cursos universitários realizados por jovens advindos "da classe média baixa suburbana e de meios proletários", afirmava:

> A degradação do ensino que sofremos e a facilidade paralela do diploma universitário entre nós levam à conclusão lógica-paradoxal: formamos bacharéis que são tão estranhos à carreira em que se diplomaram como seria um visigodo no senado romano. Mais explicitamente: o prestígio do diploma entre nós resulta de se acreditar que ele facilitará a ascensão social. Como entretanto tais cursos se modelam a partir da imagem da 'cultura superior', camadas significativas da sociedade abandonam suas prévias identificações culturais – o crente na macumba ou em religiões sincréticas recalca, disfarça ou nega sua fidelidade ao culto, o curandeiro teme seja divulgado seu conhecimento das mezinhas e das ervas medicinais – e procuram se familiarizar com a linguagem do 'senado romano'. Como isso entretanto leva tempo e o próprio curso universitário exige pouco, criam-se doutores brancos que nem se embranquecem, nem mantiveram sua outra identificação. Conclui-se mal, diante de tal caso, ao se dizer, como se tornou freqüente, que cada vez os diplomados dominam menos o português. A questão vai além do mero aprendizado de uma língua. O problema (...) é de orientação no interior de uma cultura. Melhor dito, de orfandade no interior das culturas compreendidas pela sociedade brasileira.

É preciso, pois, não apenas questionar as tradições já estabelecidas, mas, sobretudo, captar os processos históricos e as estratégias utilizadas para o seu estabelecimento. Talvez seja esta uma das tarefas dos historiadores e historiadoras que, como Walter Benjamin, ainda acreditam que "em cada época, é preciso arrancar a tradição ao conformismo, que quer apoderar-se dela.(...) O dom de despertar no passado as centelhas da esperança é privilégio exclusivo do historiador convencido de que também os mortos não estarão em segurança se o inimigo vencer." (Benjamin, s.d, p.224-5). Quem sabe, assim, possamos, enfim, ajudar a *sepultar* um passado que insiste em se fazer presente em nossas escolas, em nossa sociedade, em nossa história.

## Notas

[1] Apresento neste texto os resultados iniciais de uma pesquisa que estamos realizando sobre a relação entre alfabetismo e escolarização em Minas Gerais, abrangendo o período de 1830 a 1940 (cf. FARIA FILHO, BICCAS E VAGO, 1996). Agradeço aos colegas do grupo de pesquisa (Maurilane de Souza Biccas, Tarcísio Mauro Vago e Walquíria Miranda Rosa) a leitura e as sugestões.

[2] Estamos, neste texto, entendendo alfabetismo como "'estado' ou 'condição' que assume aquele que aprende a ler e escrever", englobando "um amplo leque de conhecimentos, habilidades, técnicas, valores, usos sociais, funções, e [que] varia histórica e espacialmente". (SOARES, 1995. p.6-7)

[3] Não enfocaremos aqui a questão da escolarização das mulheres no século XIX.

[4] Ver, a este respeito, os trabalhos de Sarita MOISÉS (1985, 1992 e 1995) e o de Justino P. MAGALHÃES (1994), os primeiros referentes à realidade brasileira e, este último, à realidade portuguesa.

[5] Vários são os estudos em história e história da educação que têm enfocado estas questões, dentre os quais queremos destacar: FARIA FILHO (1996), NUNES (1993) e VEIGA (1994).

[6] As perspectivas apresentadas são as seguintes: histórica, antropológica, sociológica, sociolinguística, linguística, discursiva, textual, educacional ou pedagógica e política.

[7] Quase nos mesmo termos, VIÑAO FRAGO (1994. p.47) reclama que, no caso espanhol, "*faltan, en definitiva, investigaciones que, para um período y área determinados, integren análisis sociológicos, antropológicos, psicológicos, linguísticos, políticos, económicos, pedagógicos etc., en relación con los aprendizajes, funciones y usos de la lectura y escritura como práticas sociales, y con los modos de produción, difución, acceso y apropriación de lo escrito. Faltan una história, en suma, de la cultura escrita, así como análisis específicos sobre sus relaciones e interacción con otros lenguajes o modos de comunicación orales e visuales, y trabajos más amplios sobre los modos de almacenamiento, transmición y apropriación del saber en las culturas orales primarias o analfabetas y las consecuencias cognitivas, sociales y culturales de la alfabetización en su perspectiva histórica*".

[8] Um dos aspectos que diferenciaram o texto de José Honório Rodrigues, aqui analisado, de outros, é o fato dele chamar a atenção não apenas para a drástica redução do número de eleitores em consequência da chamada Lei Saraiva (1881), mas, também, como veremos, para a "desqualficação cultural" dos analfabetos trazida e representada por essa lei.

[9] Não custa lembrar, aqui, o caráter operativo das representações, pois, conforme nos lembra R. CHARTIER (1991. p.183), as quais se referem, e nos permitem articular, as três modalidades de relação com o mundo: "de início, o trabalho

de classificação e de recorte que produz configurações intelectuais múltiplas pelas quais a realidade é contraditoriamente construída pelos diferentes grupos que compõem uma sociedade; em seguida, as práticas que visam a fazer e reconhecer uma identidade social, a exibir uma maneira própria de ser no mundo, a significar simbolicamente um estatuto e uma posição; enfim, as formas institucionalizadas e objetivadas em virtude das quais "representantes" (instâncias coletivas e individuos singulares) marcam de modo visível e perpétuo a existência do grupo, da comunidade ou da classe".

## Referências

BARROS, Roque Spencer Maciel de. *A ilustração brasileira e a idéia de universidade.* São Paulo: USP, 1959.

BENJAMIN, Walter. *Magia e técnica, arte e política.* 4ed. São Paulo: Brasiliense, s.d.

BOTELHO, Luiz Rousseau. *Dos 8 aos 80.* Belo Horizonte:Vega, 1979.

CARVALHO, José M. de. *A formação das almas.* São Paulo:Cia das Letras, 1990.

CHARTIER, Roger. *História cultural: entre práticas e representações.* Rio de Janeiro: Bertrand Brasil, 1990.

CHARTIER, Roger. O mundo como representação. São Paulo, *Estudos avançados,* 11(5), 1991. p.173-191.

FARIA FILHO, Luciano Mendes de. A legislação como fonte para a história da educação. In: Faria Filho, Luciano Mendes (Org.) *Educação, modernidade e civilização.* Belo Horizonte: Ed. Autêntica, 1998.

FARIA FILHO, Luciano Mendes de. BICCAS, Maurilane de Souza & VAGO, Tarcísio Mauro. Invenção da Modernidade e Escolarização do Social: história cultural da escola e do alfabetismo em Minas Gerais (1830-1940). Belo Horizonte: FAE-FMG, p.10 (Projeto de Pesquisa).

LOURENÇO FILHO. M.B. *A pedagogia de Rui Barbosa.* São Paulo: Edições Melhoramento, 1956, 2a.ed.

MAGALHÃES, Justino P. *Ler e escrever no mundo rural do antigo regime: um contributo para a história da alfabetização e da escolarização em Portugal.* Braga: Universidade do Minho, 1994.

MOISÉS, Sarita Afonso. Alfabetização — estratégia do código ou confronto da história? *Educação e sociedade,* São Paulo, 22, set./dez. 1985. p.84-92.

MOISÉS, Sarita Afonso. Entre-tempos: alfabetização e escravidão. Campinas: UNICAMP, 1992, 265p. (Tese apresentada à Faculdade de Educação da Universidade Estadual de Campinas para Concurso de Livre-Docência, 1992).

MOISÉS, Sarita Afonso. Literatura e história: imagens de leitura e de leitores no Brasil no final do século XIX. *Revista Brasileira de Educação*, Belo Horizonte, 0, set./dez. 1995. p.53-62.

MOTT, Luiz R. B. *Sergipe Del Rey: população, economia e sociedade.* Aracaju: FUNDESC, 1986.

NUNES, Clarice. *A escola redescobre a cidade.* Niterói: Universidade Federal Fluminense, 1993, p.227. Tese concurso Professora Titular, Departamento de Fundamentos Pedagógicos da ESE/UFF, 1993.

PETITAT, André. *Produção da escola/produção da sociedade.* Porto Alegre: Artes Médicas, 1994.

PIMENTEL, Francisco Mendes. *Jornalista e político, professor, jurista.* Rio de Janeiro: Oficinas Gráficas do JB, 1949.

RAMA, Angel. *A cidade das letras.* São Paulo: Brasiliense, 1985.

RODRIGUES, José H. *Conciliação e reforma no Brasil.* Rio de Janeiro: Nova Fronteira, 1982, 2a.ed.

SOARES, Magda. Língua escrita, sociedade cultura: relações, dimensões e perspectivas. *Revista brasileira de educação,* Belo Horizonte, 0, p. 5-16, set-dez/1995.

VEIGA, Cynthia Greive. *Cidadania e educação na trama da cidade: a construção de Belo Horizonte em fins do século XIX.* Campinas: Instituto de Filosofia e Ciências Humanas, UNICAMP, 1994. (Tese, Doutorado em História).

VIÑAO-FRAGO, Antônio. Analfabetismo y alfabetización. In: GUEREÑA, Jean Louis. BERRIO, Julio Ruiz. & FERRER, Alejandro Tiana. (Orgs). *Historia de la educación en la España contemporánea. Diez años de investigación.* Madri: C.I.D.E., 1994.

VICENT, Guy. *L'école primaire française contemporaine: étude sociologique.* Lyon: Presses Universitaires de Lyon, 1980.

# OS AUTORES

**Ana Maria de Oliveira Galvão**

Professora do Centro de Educação da Universidade Federal de Pernambuco (UFPE)

**Anne-Marie Chartier**

Pesquisadora do Service d'histoire de l'éducaticon - Institut National de Recherche Pédagogique (INRP) - França

**Antônio Augusto Gomes Batista**

Professor da Faculdade de Educação da Universidade Federal de Minas Gerais (UFMG)

**Isabel Cristina A. da Silva Frade**

Professora da Faculdade de Educação da Universidade Federal de Minas Gerais (UFMG)

**Justino Magalhães**

Professor da Universidade do Minho - Portugal

**Luciano Mendes de Faria Filho**

Professor da Faculdade de Educação da Universidade Federal de Minas Gerais (UFMG)

**Marlyse Meyer**

Professora de literatura comparada e cultura brasileira na USP e na UNICAMP

**Regina Zilberman**

Professora da Pontifícia Universidade Católica do Rio Grande do Sul (PUCRS)

Qualquer livro do nosso catálogo não encontrado nas livrarias pode ser pedido por carta, telefone ou pela internet.

Rua Aimorés, 981, 8° andar – Funcionários
Belo Horizonte-MG – CEP 30140-071

Tel: (31) 3222 6819
Fax: (31) 3224 6087
Televendas (gratuito): 0800 2831322

vendas@autenticaeditora.com.br
www.autenticaeditora.com.br

Este livro foi composto com tipografia Gatineau e impresso em papel Off Set 75 g na Formato Artes Gráficas.